NAVIGATOR

Stephan Fennel · Snežana Šimičić

NORWEGEN

Touren und Tipps für Entdecker

MTM MOTOURMEDIA

Küsten, Fjorde, Traumlandschaften

Norwegen rockt!

Norwegen zählt mittlerweile zu den absoluten Lieblingszielen in Europa. Kein Wunder: Dieses großartige Land zwischen Nordsee und Eismeer ist schließlich mehr als nur eine Reise wert. Wir liefern reichlich Anregungen dazu.

Snežana Šimičić & Stephan Fennel

Mit diesem neuen Band aus unserer NAVIGATOR-Buchreihe möchten wir Appetit machen auf einen Reisegenuss, der so kaum irgendwo anders auf der Welt zu erleben ist. Wo, außer in Norwegen, gibt es schon eine solche Küste zu entdecken – und dann gleich tausende Kilometer lang? Wo, außer in Norwegen, bestimmen dramatische Fjorde nicht nur das Landschaftsbild, sondern das Leben der Anwohner wie auch das Reiseverhalten der Besucher? Und wo, wenn nicht in Norwegen, lassen sich traumhafte Landschaften ganz unterschiedlicher Prägung auf gepflegten Pfaden, den sogenannten Landschaftsrouten, entdecken?

Straßen mit Kultstatus

Für viele mag ein Norwegen-Trip eine „once in a lifetime"-Angelegenheit sein. Leider ist dann oft der sture Ritt zum Nordkap das Ziel. Das hat Norwegen nicht verdient, dafür ist es zu vielfältig, faszinierend und traumhaft schön zwischen der Schärenküste des Südens, den abgelegenen Inseln und der einsamen Weite des Nordens. Außerdem hat so manche Straße hier Kultstatus.

Mehr noch: Straßen sind hier ein Kulturgut – mit Kultur am Straßenrand. Zahlreiche Wege entführen in eine fast überwältigende Natur. Eine gut geplante Pause ist daher elementar. Sonst ist der Speicher zwischen den Ohren zu schnell bis zum Überlaufen gefüllt mit Eindrücken – auch wenn man die nicht mehr missen mag.

Das ist das Besondere an Norwegen: Es rockt! Es liefert, wo andere Ziele längst aus-

genudelt sind. Und es schleicht sich nicht nur in deinen Kopf, sondern auch in deine Seele, lässt dich tiefer atmen, bewusster blicken, intensiver genießen, entspannter fahren.

Damit die Orientierung nicht verloren geht, haben wir in den insgesamt elf Routenvorschlägen hunderte POI mit Koordinaten aufgeführt, die Einzug in eine Reiseplanung halten können. Und einen umfassenden Überblick über die norwegischen Landschaftsrouten mit weiteren Empfehlungen gibt es noch dazu.

Genug also nicht nur für eine Reise, sondern für mindestens ein halbes Reiseleben. Denn merke: Eines der Probleme mit Norwegen ist, dass dir, wenn du einmal dort warst, nur noch wenige andere Länder schön erscheinen. **Probiert's aus!**

Norwegen

NAVIGATOR

00.00000, 0.000000
00.00000, 0.000000

Sind die **GPS-Koordinaten** mit einem roten Symbol gekennzeichnet, beziehen sie sich auf einen Ort in der **linken Textspalte**.

In der **rechten Textspalte** sind die **GPS-Koordinaten** mit einem blauen Symbol gekennzeichnet und zeigen so auf ihre Entsprechung.

HINWEIS: Wir publizieren unsere Koordinaten im Dezima grad. Dabei steht die erste Zahl für den **Breitengrad** (N), die zweite für den **Längengrad** (E oder W). Du musst in deinem Navigationsgerät das Positionsformat in den Grundeinstellungen auf Dezimalgrad umstellen. Einen Hinweis dazu findest du in der zugehörigen Bedienungsanleitung.

Legende Infoteil:
0 (Anzahl Fähren)
0 (Anzahl Tunnel)

Download der GPS-Routen: **alpentourer.de/gps/tourentipps-reisefuehrer**

Legende Landschaftsrouten: ↔ Länge in km · ↕ Höhen in m · Fähren · Wintersperren

NAVIGATOR – Norwegen
Eine Produktion von MoTourMedia e.K.
Hastener Straße 140 · 42349 Wuppertal
T +49 (0)2 02 94 60 02 26
service@motourmedia.de

Verlagsshop
www.tourershop24.de

Erstauflage 2023
 · ISBN 978-3-939997-97-9

Kartenbasis
© 123map; Daten: OpenStreetMap; Lizenz ODbL 1.0

Layout & Routen-Kartographie
Stephan Fennel; Andrea Hiller

Text & Bild
Stephan Fennel · Snežana Šimičić

Weitere Fotos
Adobe Stock: #195856828 (Titelbild groß).

Alexander Seger (Titel u.l., 76, 81, 100, 104, 105, 109); Holland Norway Lines (8); Fulvio Terminelli (Titel u.M., 11, 18, 46, 47, 49, 52, 124, 133); Hurtigruten (12, 118); Havila Voyages (13, 115, 152); Hélène Lundgren (14, 131); Classic Norway (15, 59); Tourershop24 (16, 17); NEA (19); NIA (31, 33); MoldeJazz (57); Thomas Krämer (64, 69, 70, 71, 128, 130, 136, 138, 139, 140, 141, 157); Visit Trondheim (66); Visit Bergen / Robin Strand (79); Hardangerfjord.com / Yrjan Olsnes (82); Kraftmuseet (83); Harley-Davidson (Titel u.r., 88, 97); Visit Balestrand (92); Heidal Ysteri (93); Visit Tromsø / Vergard Stien (126); Mack Bryggeri (127); Aurora Distillery (129); Nordlyskatedral (132); Visit Narvik (144); Hamsunsenteret (145); Visit Bodø (150, 151).

Statens vegvesen: Jarle Wæhler (21, 42, 48, 58, 154, 155, 156); Werner Harstad (45); Bjørn Andresen (80); Frid-Jorunn Stabell (21, 85, 148, 153); Trine Kanter Zerwekh (94, 112); Therese Ruud (95); Steinar Skaar (114, 116, 119).

Visit Norway: Oddgeir Visnes (55); Asgeir Helgestad (84); Frithjof Fure (117).

Fjordnorway: Terje Rakke (60); Johan Wildhagen (61); Sverre Hjørnevik (78).

Wikimedia Commons
CC BY-4.0-DE: Geir Hval (32, 73); Carsten Steger (44); Rosser1954 (91).

CC BY-3.0-DE: Simo Räsänen (54, 143); Magne Gisvold (68).

CC BY-2.0-DE: Bjaerne Riesto (21); HuBar (67); Paul Skeie (96); Markus Trienke (142).

Hinweis
Sämtliche Informationen wurden nach bestem Wissen recherchiert; für die Richtigkeit dieser Informationen kann jedoch keine Gewähr gegeben werden.

Auf dem Land- und Seeweg nach Norwegen

Maritime Anreise

Vor einer Tour durch Norwegen steht die Anreise. Je nach Ausgangspunkt sind schon über 1000 Kilometer bis zu einem Fährhafen zurückzulegen. Neben dem Seeweg gibt es aber auch Landrouten – abhängig von der weiteren Reiseplanung.

Die meisten Reisen durch Norwegen werden im Süden beginnen und enden. Oftmals bleibt der dickbauchige südliche Landesteil auch die einzige Reiseregion einer Tour. Zu sehen, erfahren und entdecken gibt es hier wahrlich schon genug.

Neu ab Emden: Holland Norway Lines.

Color Line war mit seinen Verbindungen von Kiel nach Oslo bisher der Platzhirsch bei Abfahrten ab Deutschland. Seit Frühjahr 2023 startet Holland Norway Lines nun aber von Emden aus nach Kristiansand. Zuvor hatte der niederländische Neuling jenseits der Grenze aus Eemshaven abgelegt.

Hohe Fährfrequenz

Die höchste Frequenz an Verbindungen bietet das dänische Hirtshals. Hier legen die Fähren von Fjordline nach Langesund, Kristiansand, Stavanger sowie Bergen ab. Die letzten beiden Zielhäfen eignen sich bestens für eine Erkundung in Norwegens Fjordland. Auch Color Line hat Routen ab Hirtshals im Angebot. Es werden Larvik und ebenfalls Kristiansand bedient, beide an der norwegischen Südküste. Stena Line hingegen nutzt für seine dänische Direktverbindung nach Oslo den Kai in Fredrikshavn, östlich von Hirtshals gelegen.

Alternativ über Schweden

Stena fährt übrigens auch ab Kiel, aber ins schwedische Göteborg. Ab Dänemarks Hauptstadt Kopenhagen starten zudem die Fähren von DFDS direkt bis nach Oslo und ebenfalls Göteborg, von wo aus die weitere Anreise auf dem 290 Kilometer langen Landweg in die norwegische Hauptstadt unter die Räder genommen werden kann.

Ähnliches bietet auch die Eigenanreise über die Øresundbrücke zwischen Kopenhagen und Malmö. 560 Kilometer sind es allerdings ab hier noch bis Oslo. Vom schwedischen Trelleborg sind es nur noch 30 Kilometer mehr bis in Norwegens Metropole. Dafür gibt es recht kurze Fährverbindungen ab Travemünde, Rostock und Sassnitz mit Stena Line sowie TT Line.

Für die meisten Fähren nach Norwegen gelten tägliche Abfahrtzeiten, beim Neuling Holland Norway Lines sind es drei Verbindungen pro Woche und Richtung.

Nordkap via Finnland

Reisende, die es ans nördliche Ende europäischer Welten zieht, bedienen sich oft der Anfahrt durch Finnland. Dabei ist zunächst die 29 Stunden dauernde Ostsee-Fährfahrt mit Finnlines von Travemünde nach Helsinki zu bewältigen. Und dann stehen immer noch rund 1600 Kilometer bis ans Nordkap bevor.

Abkürzung Autoreisezug

Abkürzen lässt sich das mit dem finnischen Autoreisezug. Der verkehrt ab Helsinki entweder bis Rovaniemi oder bis Kolari. Damit gelingt eine entspannte Anreise über Nacht, die noch dazu gute 900 Kilometer Strecke spart. Die finnischen Autozüge sind bei einigen Spezialisten buchbar. Es gibt sogar Kombi-Angebote mit Fähre Travemünde – Helsinki und Autoreisezug. ◄

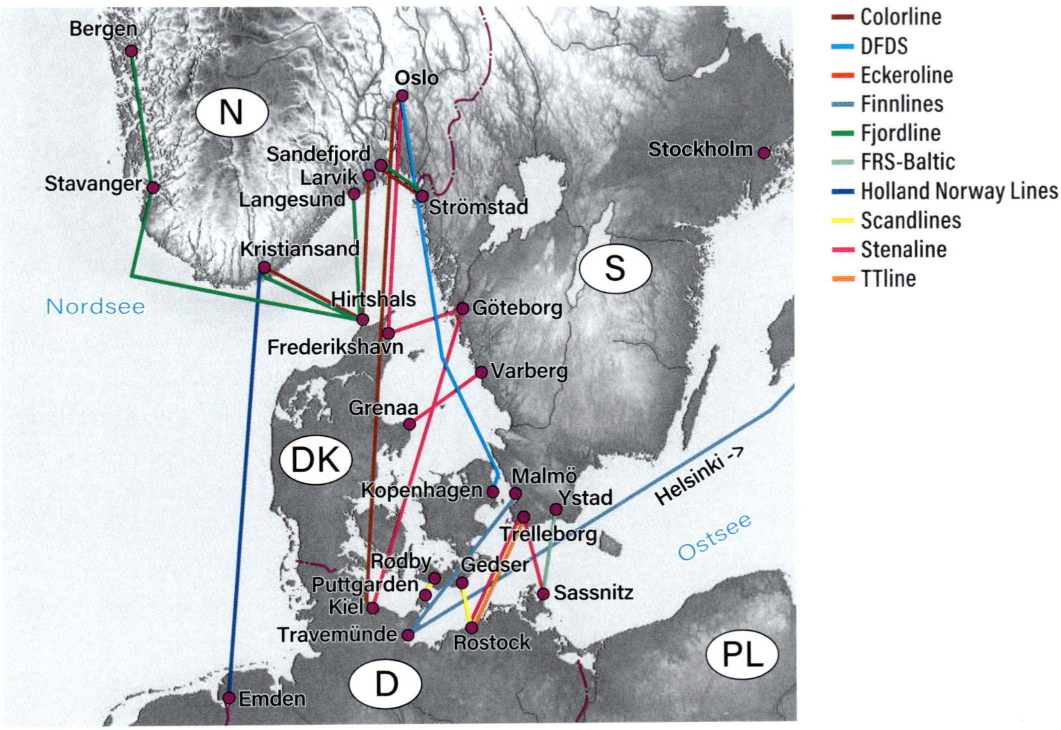

Eine Übersicht über die wichtigsten Anreiseverbindungen nach Norwegen.

Wissenswertes zum Reisen durch Norwegen

Unterwegs im Land

Es gibt bei einer Reise durch Norwegen vieles zu beachten: mautpflichtige Straßen, majestätische Brücken, ellenlange Tunnel oder die mehr als 100 Inlandsfähren. Die wichtigsten Infos im Überblick.

Motorräder rollen mautfrei über die meisten Wege (oben). Historische Attraktionen, tolle Aussichtspunkte wie auch die norwegischen Landschaftsrouten sind gut ausgeschildert (unten).

Fangen wir positiv an: Für Motorräder besteht keine Mautpflicht in Norwegen. Eine Ausnahme sind die Gebühren für die Nutzung einiger privater oder kommunaler Strecken. Und selbst dort gilt es, an den Mautschranken auf Hinweisschilder zu achten, die Motorräder eventuell von der Maut befreien.

Wer mit Auto oder Wohnmobil unterwegs ist, kommt jedoch nicht um die Maut herum. Das System zur elektronischen Zahlung von Mautgebühren heißt Autopass, verwaltet von der Norwegischen Straßenverkehrsbehörde Statens Vegvesen. Es gibt rund 330 Mautstationen, die eine Durchfahrt automatisch registrieren. Sie können also ohne anzuhalten durchfahren werden.

Maut ohne Registrierung

Reisende können einfach durch Norwegen fahren, ohne eine vorherige Registrierung. Bei der Durchfahrt einer Mautstation wird das Kfz-Kennzeichen fotografiert und damit der Fahrzeughalter ermittelt. Dieser erhält einige Wochen später auf dem Postweg eine Rechnung für diese Durchfahrt vom Dienstleistungsunternehmen Park Trade Europe AB – auch bekannt als EPASS24.

Alternative Autopass

Alternativ können sich Reisende bei **autopass.no** registrieren und einen Transponder installieren. Dann wird die Passage darüber erfasst und später im dazugehörigen Kundenkonto bei der Ausstellergesellschaft dargestellt. Diese rechnet nach einem gewissen Zeitraum, meist monatlich, die aufgelaufenen Mautgebühren mit dem Inhaber des Kundenkontos direkt ab. Außerdem lässt sich so Geld sparen, die Transponder-Tarife liegen unter den Einzeltarifen ohne Registrierung.

Weitere Ersparnisse bietet die zusätzliche Aktivierung des „AutoPASS for ferje". Dabei handelt es sich unabhängig vom Autopass-Mautsystem um ein Rabattangebot für die Nutzung von Inlandsfähren, bei dem Privatpersonen bis zu 50 Prozent Rabatt auf die Tarife fast aller kostenpflichtigen Fähren in Norwegen erhalten. Es können bis zu zwei Fahrzeuge registriert werden, etwa, wenn man mit zwei Motorrädern unterwegs ist. Im Kundenkonto bei **autopassferje.no** wird ein Guthaben eingerichtet, von dem dann die Fährtickets abgebucht werden.

Für Motorräder wird der „AutoPASS for ferje“ ohne eine Transponder-Verknüpfung abgeschlossen. Sie fallen in die Vorauszahlungsklasse 1. Zudem muss bei Motorrädern eine „Ferjekort“-Plastikkarte (einmalige Gebühr NOK 50, etwa EUR 4,50) bestellt werden. Also unbedingt frühzeitig registrieren!

Auf Fährverbindungen, die einen Transponder als Zahlungslösung verwenden, wird dann stattdessen das Kennzeichen des Motorrads fotografiert. Manchmal muss auch die Ferjekort-Karte vorgelegt werden. Anschließend wird die Überfahrt vom vorhandenen Guthaben des Kundenkontos abgebucht.

Unwägbare Fähren

Fährverbindungen sind die größte Unwägbarkeit bei der Routenplanung. Weil Angaben zur Fahrtzeit auf einer Route nicht mit den Fährabfahrten zu synchronisieren sind, lassen sich Etappen mit einer oder mehreren Fähren nie exakt planen.

Als Faustregel für Norwegen gilt angesichts der Infrastruktur und des landesweiten Tempolimits mit einem Stundenschnitt von maximal 50 Kilometern zu kalkulieren. In einem Land, in dem Reisende an fast jeder Ecke stehenbleiben und den Anblick genießen möchten, sollte man aber eher von einem deutlich geringeren Schnitt ausgehen.

Tunnel mit Lichteffekten und Kreisverkehr sind keine Seltenheit.

Das Land der Tunnel

Über 900 Verkehrstunnel, darunter der längste Straßentunnel der Welt, verbinden viele Orte im Land. Die Bandbreite reicht vom unbeleuchteten, einspurigen Felstunnel bis zum Hightech-Tunnel mit nahezu psychedelischen Lichteffekten.

In manchen Tunneln gibt es sogar Kreisverkehre oder unterirdische Parkhäuser. Hinweisschilder an den Portalen zeigen die Länge an. Oft wird über eine Ampel signalisiert, ob der Tunnel geöffnet oder gerade gesperrt ist. Ähnliches gilt für die beeindruckenden Brücken, die so manchen Fjord überspannen. Bei starkem Sturm dürfen diese zeitweise nicht genutzt werden. Dann können schon mal endlose Umwege rund um das Gewässer nötig sein. ◂

In Norwegen gelten innerorts 50 km/h, außerorts 80 km/h. Abblendlicht ist vorgeschrieben.

Geschwindigkeits- und Abschnittskontrollen werden stets angezeigt.

Warnungen vor Rentieren, Elchen oder Nutztieren sind unbedingt zu beachten.

Mit dem Postschiff in den Norden von Norwegen

Traumschiff-Alternative

Der Weg zu den Lofoten und erst recht zum Nordkap ist weit. Der berüchtigte Trans-Norwegen-Highway E 6 sollte zudem nicht doppelt befahren werden müssen. Es gibt aber eine Alternative, die so kaum jemand kennt: die Kystruten Bergen – Kirkenes.

Das Hurtigruten-Postschiff Kong Harald vor der Lofotenkulisse.

Die Hurtigruten sind für viele Norwegen-Besucher so etwas wie eine Traumreise. Wer einmal mit den berühmten Postschiffen irgendwo zwischen Bergen und Kirkenes unterwegs war, der erzählt mit verklärtem Blick von diesem Trip – spätere Wiederholungen sind mehr als wahrscheinlich. Wie aber lässt sich dies in eine Rundreise einbinden?

Dazu muss man zunächst wissen, was Hurtigruten eigentlich ist. Der norwegische Staat als Konzessionsgeber hat das bisherige Monopol für die Postschiff-Strecke, die einzig der Hurtigruten Group vorbehalten war, aufgehoben und die Zulassung für vier weitere Verbindungen neu ausgeschrieben. Die hat sich der neue Anbieter, Havila Voyages, gesichert. 2021 gingen deren moderne Schiffe mit einem Antriebsmix aus Erdgas und Strom auf Jungfernfahrt.

Alles – außer Kreuzfahrt

Die bisher als Hurtigruten bekannten und seither Kystruten genannten Fahrten sind alles, nur keine Kreuzfahrt. Sie sind eine Seereise – für viele die schönste der Welt. 1893 etablierte Kapitän Richard Wirth den ersten regelmäßigen Schiffsliniendienst entlang der norwegischen Küste. Dazu mussten aber zunächst akkurate Karten erstellt werden.

Anlass für diese Gründung war der Frachtbedarf beim Handel mit getrocknetem Fisch. Bis heute sind die Schiffe Frachter, Postschiff und Passagierdampfer zugleich. Allerdings haben sich die Kapazitäten deutlich zugunsten der Passagiere verschoben.

Kystruten in Etappen

Die Kystruten ist ein Linienverkehr, der auf täglichen Fahrten zwischen Bergen in Fjordnorwegen und Kirkenes kurz vor der Grenze zu Russland 34 Häfen verbindet – in beide Richtungen. Während außerhalb Norwegens jedoch kaum bekannt ist, dass die Kystruten auch in Etappen genutzt werden kann, ist diese Art des Reisens im Land selbst gang und gäbe. Dabei bist es sogar möglich, das eigene Fahrzeug mitzunehmen.

Es gibt eine kleine und je nach Schiff unterschiedliche Anzahl an Plätzen für Automobile und Motorräder. Wohnmobile hingegen können nicht an Bord; aus Sicherheitsgründen auch keine Elektro- oder Wasserstoff-Fahrzeuge.

Bei der Wahl der Strecke ist auf die Abfahrtszeiten zu achten. Kystruten fährt nach einem strengen Fahrplan und überaus pünktlich. Doch wer möchte schon um 01.45 Uhr nachts in Kristiansund an Bord gehen?

Am meisten Sinn ergibt die Kystruten-Anreise daher von Trondheim bis auf die Lofoten – oder bis Tromsø, wenn die Inseln (Tour 8) nicht auf dem eigenen Reiseplan stehen. So lässt sich die E6 in Mittelnorwegen umgehen, die faszinierende Küstenstraße (Tour 11) hingegen kann man sich für den Rückweg aufheben.

Havila Kystruten setzt neue Schiffe mit modernstem Antrieb ein.

Die Einschiffung in Trondheim erfolgt gegen Mittag. Hier hat das Postschiff – wie auch in Tromsø – mehrere Stunden Aufenthalt, weil Vorräte aufgestockt werden. Ansonsten sind es zumeist nur 15 Minuten, die tatsächlich zum Ein- und Ausschiffen genügen. Abfahrt ist um 12.45 Uhr, der Polarkreis wird in der Nacht überquert. Ankunft in Svolvaer auf den Lofoten ist am nächsten Tag um 21.20 Uhr. Bei Weiterfahrt wird Tromsø noch eine Nacht später um 14.15 Uhr erreicht.

Nur geringe Kapazitäten

Gebucht werden können Teilstücke mit Fahrzeugmitnahme bei Hurtigruten nur über die norwegische Webseite (**hurtigruten.no**), bei Havila Voyages (**havilavoyages.com/de**) nur telefonisch über das deutsche Callcenter unter 08 00 72 43 12 2.

Das sollte möglichst lange im Voraus erledigt werden. Die geringe Kapazität ist vor allem im Sommer schnell ausgebucht, zumindest für Autos. Motorräder hingegen finden eher noch ein Plätzchen an Bord. ◂

Die Kystruten-Seereise ist ein Genuss, bei dem auch die Querung des Polarkreises gefeiert werden kann.

Wie bette ich mich in Norwegen?

Richtig übernachten

Wer nach Norwegen reist, sollte wissen: Es wird teuer. An der Sparschraube drehen kann man an diversen Stellen innerhalb der eigenen Reiseplanung dennoch. So auch bei der Auswahl der Unterkünfte vor Ort.

Idyllische Hütten in Toplage sind in Norwegen ganz alltäglich.

Wer mit dem Motorrad Norwegen bereisen möchte, sollte zunächst einige Punkte klären. Mit wie vielen Personen ist man unterwegs? Tourt man vor Ort von einer Basis aus (was in Norwegen eher schwierig ist), oder geht man auf Rundreise mit verschiedenen Übernachtungen? Kocht man gerne oder lässt man sich im Urlaub lieber mit regionaltypischen Spezialitäten verwöhnen? Wie viel Campingausstattung kann und möchte man auf seinem zweirädrigen Gefährt verstauen? Und welche Unterkunftsformen gibt es überhaupt? Eine Übersicht:

Privatunterkunft

Bei digitalen Anbietern wie AirBnB finden sich günstige Angebote für Privatzimmer, Ferienwohnungen, aber auch Hütten, teilweise sogar mit Luxus-Ausstattung. Spontanbuchungen sind grundsätzlich möglich, in der sommerlichen Hauptreisezeit sind die besten Angebote aber oft schon vergriffen. Daher empfiehlt es sich, vorab zu buchen. In Städten ist selten ein eigener Parkplatz dabei, auf dem Land wird das Motorrad auf dem zugehörigen Privatgrundstück abgestellt.

Camping ist beliebt

Camping ist in Norwegen extrem beliebt – sowohl bei Reisenden, als auch bei Einheimischen. Daher gibt es unzählige Campingplätze, im Regelfall mit sanitären Anlagen, kleinem Restaurant und Mini-Supermarkt. Auf vielen Plätzen sind auch kleine Ferienhäuser vorhanden, praktisch, wenn man keine komplette Camping-Ausstattung auf dem Motorrad mit sich führen möchte. Die Preise variieren je nach Standard.

Wer genügsam ist, hat in Norwegen zudem die Möglichkeit, sein Zelt kostenlos aufstellen. Hier gilt das Jedermannsrecht, das der Allgemeinheit zugesteht, sich frei im Land zu bewegen. Dabei gibt es aber Regeln zu beachten. So darf man andere nicht stören, nicht ungefragt sein Zelt auf Privatgrund aufstellen und muss seinen Müll natürlich wieder mitnehmen. Außerdem gilt das Jedermannsrecht nur für Menschen. Das Fahrzeug wird also auf einem öffentlichen Parkplatz an der Straße geparkt, und nur das Zelt darf an einem idyllischen Ort in der Umgebung aufgestellt werden.

Hüttenurlaub

Ferienhäuser sind in Norwegen, wo sie schlicht Hütten genannt werden, die beliebteste Unterkunftsart. Die Ausstattung reicht von einfach bis luxuriös. Es gibt Häuser in den entlegensten Ecken, meist in toller Landschaft gelegen. In der eigenen Küche kann man sich selbst versorgen und dadurch Geld sparen. Bei mehreren Personen werden die Kosten zudem geteilt. Empfehlenswert ist diese Art von Unterkunft vor allem,

Prächtiger geht es kaum: Hotell Utsikten hoch über Geiranger.

wenn man sie als Basis für mehrere Fahrtage nutzt. Meist müssen die Betten selbst bezogen, das Bettzeug vor Ort ausgeliehen oder mitgebracht, außerdem eine Endreinigung bezahlt werden. Für diejenigen, die jeden Tag weiterfahren, wird das lästig und teuer. Spontanbuchungen sind in der Hauptsaison Glückssache.

Hotels

Einfache Motels, beeindruckende, historische Herbergen oder moderne Architekturtempel: Die Hotellerie in Norwegen ist so vielfältig wie das Land. Viele moderne Häuser sind Business-Hotels, die ihre Zimmer im Sommer unter Normalpreis anbieten, weil ihre Auslastung eher zwischen Herbst und Frühjahr liegt. Die Zimmer sind komfortabel, das Motorrad parkt (meist sogar gesichert) vor der Tür, und etliche Unterkünfte haben ein eigenes Restaurant, nicht selten mit einem überaus üppigen Dinner-Buffet. Wer gleich mit Halbpension bucht, ist deshalb deutlich günstiger dran, als Zimmer und Abendessen separat abzurechnen. ◄

Übernachten in freier Natur ist beliebt

Camping als Alternative

Wegen des Jedermannsrechts und angesichts der grandiosen Möglichkeiten ist das Übernachten in freier Natur in Norwegen überaus beliebt. Was aber gehört bei einer Motorradreise zur Camping-Grundausstattung?

Trekkingzelte benötigen nur wenig Platz (oben). Isomatten erhöhen den Schlafkomfort (unten).

Es werden immer wieder Motorrad-Reisende angetroffen, deren Maschinen völlig überfrachtet sind mit allem, was für unerlässlich gehalten wird. Selbst dicken Adventure-Bikes, ausgestattet mit Koffern und Topcase, wird allerlei Ausrüstung zusätzlich aufgeschnallt. Das bringt nicht nur übermäßig viel Gewicht mit sich, sondern verändert auch das Fahrverhalten des Motorrads, teilweise dramatisch. Dabei ist es heutzutage so einfach, mit minimaler Ausrüstung den maximalen Campingspaß zu erleben.

Intelligent aufgeteilt

Ist jemand solo und dennoch mit zwei Koffern sowie Topcase am Motorrad unterwegs, sollte das gesamte Gepäckvolumen gut aufgeteilt sein: Ein Koffer enthält alles, was zum Zelten und Schlafen nötig ist, der andere nimmt die Kleidung (auch für einen längeren Urlaub) auf. Und ins Topcase wandert, was für die Selbstversorgung gebraucht wird.

Zelte für zwei bis drei Personen sollten möglichst aus einer wasserdichten Außenhülle sowie einem luftigen Insektenschutz bestehen. Das Gestänge ist aus Aluminium und möglichst klein zu falten. Um allen Wettern zu trotzen, muss es mindestens 4000 Millimetern Wassersäule standhalten. Das Packmaß sollte die Länge des Koffers nicht überschreiten. Viele Trekking-Zelte erfüllen diese Anforderungen und lassen sich leicht im Koffer verstauen.

Trekking-Schlafsäcke decken den Temperaturbereich, bei dem Motorradfahrer unterwegs sind, gut ab. Auch sie lassen sich so klein packen, dass sie in den Koffer passen. Und was noch? Natürlich eine Isomatte, die ungefähr das gleiche Packmaß wie der Schlafsack aufweist. Wer hier zu einem Modell mit angesetztem Kissen greift, wird himmlisch schlafen.

So bleibt immer noch Platz für eine Sitzgelegenheit. Camping-Klappstühle sind in filigraner Leichtbauweise (und trotzdem hoch belastbar) sowie kleinem Packmaß zu finden.

Egal, wie lange man unterwegs sein möchte: Wer auch bei der Kleidung den Profis der Outdoor-Szene folgt, kommt mit ganz wenig Gepäck aus. Tagsüber trägt man eh die Motorradkombi. Statt klobiger Stiefel empfehlen sich hochwertige Wanderschuhe. Die sind noch hoch genug, um zu schützen, wasserdichter als die meisten Bikerboots, dafür leicht und auch geeignet, mal einen Fußmarsch ins Grüne zu unternehmen. Wenn es denn noch ein zweites Paar Schuhe sein muss, kommen nur leichte Sneaker oder Wandersandalen in Frage. Und die gehören nicht in die Wäsche!

Dabei hilft eine Innentasche, die mit einem separaten Schuhfach versehen ist und von den Maßen dennoch in den Koffer passt. Manches Modell weist sogar noch eine weitere Trennung für Schmutzwäsche auf.

Funktionale Wäsche

Das Unterwäscheset besteht aus einem Sixpack Mikrofaser-Boxershorts und drei Paar Merinosocken. Dazu wandern drei bis vier Funktionsshirts in die Tasche sowie eine leichte Softshellhose, deren Beine sich zudem am Knie abtrennen lassen. Schon hat man eine Bermuda dabei. Noch eine wärmende Softshell-Jacke, und fertig ist die Grundausstattung für Motorrad und Freizeit.

Da alles aus Funktionsmaterialien besteht, lässt es sich unterwegs schnell waschen und trocknet blitzfix.

So ist noch Platz für einen aufgeräumtem Kulturbeutel und einen Satz Mikrofaser-Handtücher.

Innentaschen mit intelligenter Aufteilung trennen Frisch- von Schmutzwäsche. Sie bieten zudem ein separates Schuhfach.

Kompakt kochen

Eine nahezu perfekte Lösung für Selbstversorger ist der pfiffige Gas-Steckgrill von Skotti. Der ist zerlegt in Lkw-Plane verpackt etwa drei Zentimeter dick, passt flach an die Wand eines Koffers – und lässt sich als Grill und/oder Kocher einsetzen!

Das Topcase nimmt eine kleine Kühltasche auf, in der Getränke für die Tagestour und an dessen Ende temperatursensible Einkäufe aus dem Supermarkt Platz finden. Die Kühlakkus kann man zumeist am Campingplatz „einfrieren" lassen. Alternativ helfen Eisbeutel von der Tanke. Daneben wird das Kochset (Topf, Pfanne, Teller, Schüssel kombiniert in einem kleinen Packmaß) sowie Besteck und weitere Accessoires untergebracht.

Wertvolles hingegen (Elektronik, Geldbörse, Dokumente) wird sicher im Tankrucksack verstaut. Der ist in Pausen leicht mitzunehmen.

Mit dieser Musterausrüstung bleibt im Kleidungskoffer sowie im Topcase genügend Platz für Tageseinkäufe oder auch Souvenirs. Und gerade das sollte man bei der Planung nie vergessen! ◄

Der Steckgrill von Skotti ist auch als Kochstelle nutzbar (oben). Edelstahl-Kochsets gibt es schon mit kleinem Packmaß (unten).

Bei Naturschutzzonen ist Norwegen Weltmeister

Erlebnis Nationalparks

Insgesamt 47 unter besonderem Schutz stehende Areale gibt es zurzeit im Land. In Süd- und Mittelnorwegen können daher mit ein wenig Planungsgeschick bis zu 15 Parks schon in eine nur einwöchige Tour integriert werden.

Landschaftliche Pracht im Nationalpark Hardangervidda.

Norwegens ältester Nationalpark ist der Rondane. Das Gebirge im Osten des Gudbrandsdals, rund drei Fahrstunden von Oslo entfernt, erhielt bereits 1962 den Nationalpark-Status.

Inzwischen stehen in dem Land 47 Areale unter besonderem Schutz. Die Landschaften reichen von der Meeresküste bis zum Hochgebirge. 37 Parks liegen auf dem norwegischen Festland, drei im Meer und sieben auf der von Norwegen verwalteten Inselgruppe Spitzbergen.

Weltweiter Rekord

Der größte Nationalpark auf dem norwegischen Festland ist die 1981 unter Schutz gestellte Hardangervidda. Die größte Hochgebirgsebene der Welt ist gut 8 000 Quadratkilometer groß, 3 422 davon sind als Nationalpark geschützt.

Dagegen ist die Hauptattraktion des Nationalparks Jostedalsbreen im Bezirk Sogn og Fjordane der gleichnamige Gletscher. Bei dem etwa 487 Kilometer großen Jostedalsbre handelt es sich um den größten Gletscher auf dem europäischen Festland. Er bedeckt mit seiner Fläche über die Hälfte des Nationalparkareals.

Bei der Einrichtung der Nationalparks ging es von Anfang an nicht allein um Naturschutz, sondern auch um den Nutzen für die Menschen.

Daher sind sie ebenso Wirtschaftsflächen für die lokale Bevölkerung als auch Erholungsgebiete. In einzelnen Fällen ist der Zugang aus Rücksicht auf die Natur beschränkt, einige Parks werden von der Urbevölkerung der Sámi zur Rentierhaltung genutzt.

In den offenen Parks gilt, wie überall in Norwegen, das Jedermannsrecht. Es gibt, wie der Name schon sagt, jedem das Recht, sich frei in der Natur zu bewegen, aber immer nur so, dass Tiere und Pflanzen dadurch nicht zu Schaden kommen.

Wege und Schutzhütten

Fast alle Nationalparks sind von einem Netz aus markierten Wegen und Schutzhütten durchzogen, 14 Parks haben Nationalparkzentren. Dort bekommt der Besucher detaillierte Informationen über die Naturgeschichte und das kulturelle Erbe des jeweiligen Parks.

Nur ein Reinschnuppern

Mit Planungsgeschick und zwei bis drei ausgesuchten Basisstationen, können schon während einer einwöchigen Motorradtour in Süd- und Mittelnorwegen bis zu 15 Nationalparks gut in die jeweiligen Tagestouren integriert werden. Spektakuläre Reiseerlebnisse sind so garantiert. Mehr als ein Reinschnuppern in Norwegens Naturerlebnis wird das aber nicht. Ein Wiederkommen ist daher ganz bestimmt nötig. ◄

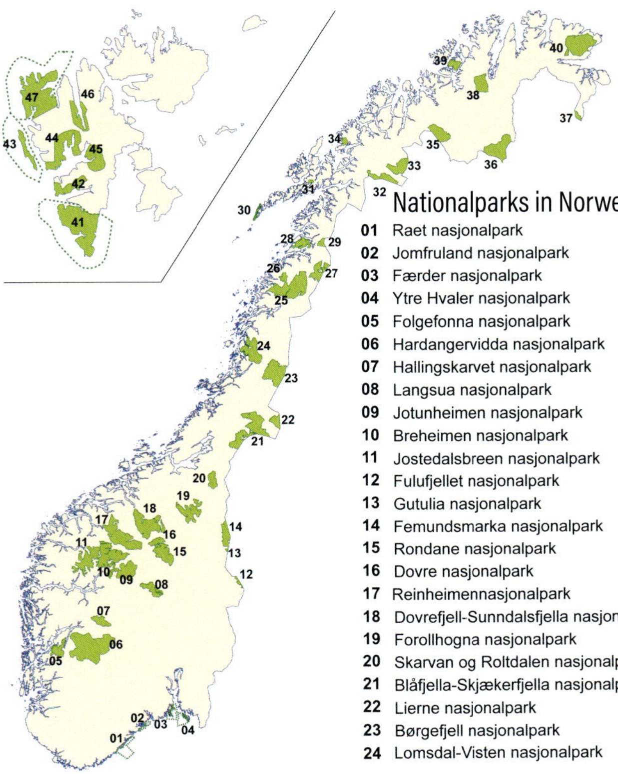

Nationalparks in Norwegen (mit Spitzbergen)

01 Raet nasjonalpark
02 Jomfruland nasjonalpark
03 Færder nasjonalpark
04 Ytre Hvaler nasjonalpark
05 Folgefonna nasjonalpark
06 Hardangervidda nasjonalpark
07 Hallingskarvet nasjonalpark
08 Langsua nasjonalpark
09 Jotunheimen nasjonalpark
10 Breheimen nasjonalpark
11 Jostedalsbreen nasjonalpark
12 Fulufjellet nasjonalpark
13 Gutulia nasjonalpark
14 Femundsmarka nasjonalpark
15 Rondane nasjonalpark
16 Dovre nasjonalpark
17 Reinheimennasjonalpark
18 Dovrefjell-Sunndalsfjella nasjonalpark
19 Forollhogna nasjonalpark
20 Skarvan og Roltdalen nasjonalpark
21 Blåfjella-Skjækerfjella nasjonalpark
22 Lierne nasjonalpark
23 Børgefjell nasjonalpark
24 Lomsdal-Visten nasjonalpark
25 Saltfjellet-Svartisen nasjonalpark
26 Láhko nasjonalpark
27 Junkerdal nasjonalpark
28 Sjunkhatten nasjonalpark
29 Rago nasjonalpark
30 Lofotoddennasjonalpark
31 Møysalennasjonalpark
32 Rohkunborri nasjonalpark
33 Øvre Dividal nasjonalpark
34 Ånderdalen nasjonalpark
35 Reisa nasjonalpark
36 Øvre Anárjohka nasjonalpark
37 Øvre Pasvik nasjonalpark
38 Stabbursdalen nasjonalpark
39 Seiland nasjonalpark
40 Varangerhalvøya nasjonalpark
41 Sør-Spitsbergen nasjonalpark
42 Nordenskiöld Land nasjonalpark
43 Forlandet nasjonalpark
44 Nordre Isfjorden nasjonalpark
45 Sassen-Bünsow Land nasjonalpark
46 Indre Wijdefjorden nasjonalpark
47 Nordvest-Spitsbergen nasjonalpark

In Norwegen gibt es Kultur am Wegesrand

Kult(ur)straßen

Die 18 nationalen Touristenrouten in Norwegen werden sehr, aber nicht ausschließlich von ihren Landschaften bestimmt. Denn es gibt am Wegesrand auch noch kulturelle Highlights zu bestaunen.

Nasjonale turistveger
Norwegian Scenic Routes

Obwohl eine Reise zum Nordkap als der faszinierendste Roadtrip auf dem europäischen Kontinent gilt, sollte das Urlaubsland Norwegen nicht darauf reduziert werden. Das Land ist gespickt mit Naturwundern, die einen Besuch wert sind. Das Gleiche gilt für Routen wie die derzeit 18 Nasjonale Turistveger (Touristenrouten), die von einer staatlichen Behörde ausgewählt und instand gehalten werden.

Einzigartig ist die Teamarbeit der Behörde, die sich aus Architekten, Landschaftsingenieuren und Künstlern zusammensetzt. Gemeinsam sorgen sie für eine hohe visuelle Qualität der Aussichtspunkte und Picknickplätze entlang jeder Route. Ein Kurator sorgt zudem dafür, dass bedeutende Kunstwerke (Installationen oder Skulpturen) Teil der emotionalen Erfahrung sind.

Als ob die wunderbaren Strecken der „Nasjonale Turistveger“ durch geradezu magische Landschaften allein nicht schon Grund genug wären, nach Norwegen zu reisen, wurden sie in den vergangenen Jahren mit Kunstinstallationen und architektonisch herausragenden Bauwerken zusätzlich aufgewertet. Die Naturwunder, die mit Kunst, Design und Architektur ergänzt wurden, bieten jetzt zahlreiche Plätze, um der Natur auf eine neue und überraschende Weise noch näher zu kommen.

Ungewöhnliche Rastplätze, unerwartete Aussichtspunkte sowie erstaunliche Kunstinstallationen wissen seither auf eine neue, vielfältige Art zu begeistern.

Kulturgut einer Nation

Die norwegischen Landschaftsrouten gelten mit ihren zusätzlichen Elementen längst als Kulturgut einer ganzen Nation. Sie kombinieren Natur, Architektur und Design aus Norwegen zu etwas, das die Gesamtheit ihrer Einzelteile noch übertrifft. Auch bilden sie ein ungewöhnliches Schaufenster für die Kreativität eines Landes, das schon länger mit seiner klaren Formensprache Fans in aller Welt gewonnen hat.

Weil es kaum eine schönere Art gibt, als Norwegen auf diesen Straßen zu entdecken, sollte sich irgendwann jeder mal auf den Weg zu diesen Kult(ur)straßen machen.

Am Sohlbergplassen gleicht der Ausblick einem Gemälde.

Beispiele für die Verbindung zwischen Natur und Kultur gibt es genug. So hat die Landschaft in und um den Rondane Nationalpark seit Generationen Maler und Dichter inspiriert. Die mehr als 2 000 Meter hohen Berggipfel bilden ein beeindruckendes Panorama. Eine Landschaft wie gemalt.

Am Sohlbergplassen stimmt es gleich mehrfach. Der Blick über den See Atnsjøen auf die Berge von Rondane inspirierte den norwegischen Landschaftsmaler Harald Sohlberg zu seinem Werk „Winternacht in Rondane“. Und der Architekt dieses Aussichtspunkts, Carl-Viggo Hølmebakk, ließ sich wiederum von diesem Gemälde dazu inspirieren, die Plattform so gestalten, dass der Blick wie in einem Gemälde eingerahmt wird.

Selvika überrascht mit einem Sandstrand am Arktischen Meer.

Kurz vor dem Nordkap führt die Landschaftsroute Havøysund zum gleichnamigen Ort am Arktischen Ozean. Der Rastplatz Selvika orientiert sich in seiner verschnörkelten Struktur am Verlauf der darüber liegenden Straße. Am überraschend einladenden Sandstrand möchte man im wechselvollen Spiel der Mitternachtssonne gleich den Grill anwerfen.

An der abgelegensten Landschaftsroute, Varanger, stimmt eine Anlaufstation besonders nachdenklich: Steilneset gedenkt der Hexenverbrennung im 17. Jahrhundert. Die Gedenkhalle erinnert an ein traditionelles Fischtrockengestell, der Gedenkraum im Inneren hat die Form eines überdimensionalen Kajaks.

Auf den Folgeseiten werden alle 18 Routen vorgestellt. **nasjonaleturistveger.no/de/**

Steilneset ist Gedenkstätte für Opfer der Hexenverbrennung.

1

Jæren

Start-POI 58.791251, 5.596858

Den südlichen Einstieg in die norwegischen Landschaftsrouten bildet die 130 Kilometer lange Jæren. Sie verläuft zwischen Flekkefjord und Bore zumeist an der Nordseeküste entlang. Abstecher sollten zu den Sanddünen sowie einigen der zahlreichen Leuchttürme eingeplant werden. Kvassheim ist ein besonders gutes Beispiel, wo sich in gastlicher Atmosphäre Informatives über die Geschichte der Seenotrettung und zur Natur in Jæren in Erfahrung bringen lässt. Der Orrestrand ist mit einer Länge von rund fünf Kilometern Norwegens längster Sandstrand – und ein beachtlich feiner noch dazu. Das hier errichtete Naturhaus ist zudem ein Informationszentrum für Outdoor-Aktivitäten. ◂

↔ 130 km • ↕ 0 – 274 m • ⛴ 0

Ryfylke

Start-POI 58.914264, 6.077564

Die norwegische Landschaftsroute Ryfylke zählt mit 260 Kilometern zu den längeren der 18 Routen. Obwohl sie tief im Südwesten des Landes an mehreren Fjorden entlang führt, ist eine Gesamtbefahrung nur zwischen Juni und November möglich. Ansonsten gilt zwischen Helandsbygd und Røldal eine Wintersperre. Neben diversen Fjorden, rauschenden Wasserfällen wie dem Svandalsfossen oder dem Instagram- und Wanderziel Preikestolen bilden gleich mehrere Bauwerke den kulturellen Teil der Strecke. Dazu gehören die Aussichtsbrücke Høse Bru, der Rastplatz Ostasteidn an der Westseite des Sandsfjords sowie unser Favorit: der Rastplatz Ropeid. ◂

↔ 260 km • ↕ 0 – 972 m • ⛴ 1 • ❄

2

3

Hardangervidda

Start-POI 60.455155, 7.092544

Hardangervidda ist die größte Hochebene Nordeuropas. Hier treffen große Hochflächen auf tiefe, fruchtbare Täler, hohe Berge, Gletscher, Wasserfälle und blaugrüne Fjorde. Der Vøringsfossen ist der wohl bekannteste Wasserfall Norwegens. Die Wassermassen stürzen in freiem Fall 182 Meter in die Tiefe und bieten einen faszinierenden Anblick. Auf der Hochebene eröffnet sich ein überwältigendes Panorama mit dem Gletscher Hardangerjøkulen im Hintergrund. Auf der Hardangervidda zieht auch eine der größten Wildrentierherden Europas umher. Mit etwas Geduld und Glück kann man diese imposanten Tiere hautnah in ihrer natürlichen Umgebung beobachten. ◂

↔ 67 km • ↕ 0 – 1250 m • ⛴ 0

Hardanger

Start-POI 59.944362, 6.584351

Wasser ist das bestimmende Element der Landschaftsroute rund um den Hardangerfjord. Die insgesamt 158 Kilometer der Strecke verteilen sich auf vier Abschnitte, die noch miteinander verbunden werden wollen. So wird schnell mindestens eine Tagestour daraus.

Südlichster Punkt ist der Wasserfall Låtefossen, dessen zwei Arme 165 Meter in die Tiefe stürzen. Hinter den gewaltigen Wassermassen des Steinsdalsfossen bei Norheimsund kann man zwischen Mai und Oktober über einen eigens angelegten Weg wandeln – und das weitgehend trockenen Fußes. Am stärksten rauscht es im Mai und Juni, wenn die Schneeschmelze das Volumen des Wasserfalls noch steigert. ◄

↔ 158 km ▪ ↕ 0 – 275 m ▪ ⛴ 2

Aurlandsfjellet

Start-POI 60.910982, 7.191303

Die nur 47 Kilometer lange Landschaftsroute Aurlandsfjellet gilt als Schneestraße. Sie verbindet die Südspitze des Aurlandsfjords mit dem nordöstlich gelegenen Lærdalsfjord. Die Hochebene ist nur im Sommer befahrbar, lediglich die kehrenreiche Anfahrt zum Aussichtspunkt Stegastein ist ganzjährig geöffnet. Ansonsten führt der Weg durch den Lærdalstunnel, mit 24,5 Kilometern der längste der Welt. Da den Tunnel vor allem Einheimische nutzen, ist das Aurlandsfjellet den Besuchern überlassen. Wer sich von den üppig bewachsenen Talhängen bis zur Steinwüste im Hochgebirge vorgearbeitet hat, sollte an der Plattform Stegastein die Eindrücke in Ruhe auf sich wirken lassen. ◄

↔ 47 km ▪ ↕ 0 – 1308 m ▪ ❄ 11 – 06

Gaularfjellet

Start-POI 61.210477, 6.528711

Das wilde Gewässer Gaularvassdraget liegt an der Landschaftsroute Gaularfjellet, die auf 114 Kilometern von Balestrand nach Moskog führt. Der Rastplatz Utsikten ist ein beeindruckendes Monument, da dort die Plattform in 700 Meter Höhe frei über dem Abgrund zu schweben scheint. Sie gibt den Blick auf bis zu 1500 Meter hohe Berge sowie die acht Kehren der Fv 613 frei, über die man sich zuvor hierher geschlängelt hat. Aber es kommt noch besser. Die Stahlbrücke über den Likholefossen ist so konzipiert, dass man fast glaubt, selbst im Wasserfall zu stehen. Unter einem rauscht es wild. Wer mag, kann dem Wanderweg zu weiteren Flüssen und Wasserfällen folgen. ◄

↔ 114 km ▪ ↕ 0 – 784 m ▪ ❄ 12 – 04

7

Valdresflye

Start-POI 61.269397, 8.863413

Die Landschaftsroute Valdresflye zwischen Garli und Hindsæter vermittelt das Gefühl, über der Hochebene mit Blick auf die Gipfel des Nationalparks Jotunheimen zu schweben. Ein Großteil der Straße verläuft oberhalb der Baumgrenze; höchster Punkt ist Flye auf 1389 Metern. Dort empfängt ein in die karge Landschaft integrierter Bau Gäste zu Kaffee und Snacks. Steinplassen hingegen ist ein Werk der Schweizer Künstler Peter Fischli und David Weiss. Die beiden übereinander geschichteten Felsbrocken wirken nicht wie von Menschenhand geschaffen. Und doch erinnern sie an die kleinen Steinmännchen, die seit einiger Zeit in den Gebirgen dieser Welt zu finden sind. ◄

↔ 49 km ▪ ↕ 890 – 1389 m ▪ ❄ 12 – 04

Sognefjellet

Start-POI 61.395127, 7.303172

8

Als Einfallstor zum Jotunheimen-Nationalpark hat diese Landschaftsroute eine lange Tradition als Verkehrsweg. Der Startort Gaupne liegt am Lustrafjord, einem Endarm des mächtigen Sognefjords. Von hier aus geht es kurven- und kehrenreich bis auf 1434 Meter hinauf, wenn nahe der Sognefjellshütte die Passhöhe von Nordeuropas höchstem Straßenpass erreicht wird. Kaum bekannt ist hingegen der Abstecher zur 1851 Meter hoch gelegenen Juvashytta. Dabei bringt einen diese Straße, die von der Nordrampe des Rv 51 abzweigt, zum höchsten anfahrbaren Punkt des Landes und in die Nähe des Galdhøpiggen, dem mit 2 469 Metern höchsten Berg Skandinaviens. ◄

↔ 108 km ▪ ↕ 0 – 1434 m ▪ ❄ 11 – 05

9

Rondane

Start-POI 61.682254, 10.125546

Die Landschaft im und um den Rondane Nationalpark mit mehr als 2 000 Meter hohen Berggipfeln bildet ein beeindruckendes Panorama. An diesem vorbei führt ganzjährig die Landschaftsroute Rondane mit ihren gut 75 Kilometern über die Straße 27 von Muen nach Folldal. Neben dem malerischen Aussichtspunkt Sohlbergplassen gibt es weitere lohnenswerte Ziele. Zur in Blockweise gebauten Holzkirche Solliu führt ein kurzer Abstecher von der Route. Wanderer brechen gerne vom Rastplatz Strømbu auf. Und am Ende der Tour warten die Folldal-Gruben, eines der wichtigsten technisch-industriellen Kulturdenkmäler Norwegens, mit 70 gut erhaltenen Gebäuden auf einen Besuch. ◄

↔ 75 km ▪ ↕ 700 – 1060 m ▪ 0

10

Gamle Strynefjellsvegen Start-POI 61.937043, 7.264409

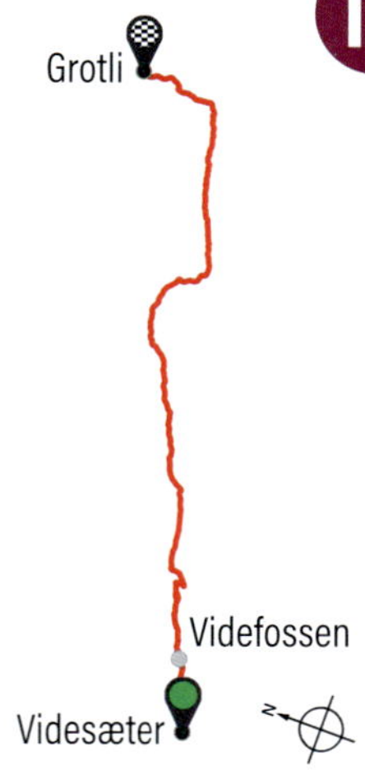

Die moderne Fernstrecke über das Strynefjell verläuft weitgehend in elend langen Tunneln. Da ist es doch viel angenehmer, dem historischen Verlauf der alten Strynefjellstraße – eben dem Gamle Strynefjellsvegen – zu folgen. Der Abzweig liegt inmitten eines feinen Kehrengewusels. Bis zum Skigebiet erfolgt die Fahrt weitgehend auf Asphalt. Doch ab da wandelt sich die Strecke zu einer gut befahrbaren Naturstraße, die gegen Ende des 19. Jahrhunderts von Hand erbaut wurde. Obwohl die Straße selbst ein Ereignis ist, kommt die Natur nicht zu kurz. Prächtige Wasserfälle und der mächtige See auf der Hochebene laden zur Rast. Ebenso wie das beliebte Grotli Hotel am Endpunkt der Route. ◀

↔ 27 km • ↕ 465 – 1139 m • ❄ 10 – 06

11

Geiranger – Trollstigen Start-POI 62.014219, 7.393992

Auf den 104 Kilometern von Geiranger zum Trollstigen reihen sich die Highlights wie Perlen an der Schnur. Nicht zu vergessen die mautpflichtige Auffahrt zum Dalsnibba – auch wenn dieser Stich nicht zur Landschaftsroute gehört. Erst bezaubert die phänomenale Aussicht auf den Geirangerfjord, dann begeistern die Kehren von Ørnesvingen ebenso wie die Plattform am Steilhang. Die einzige Fähre endet am Anleger von Linge, wo es einen hellen Warteraum mit Erkern, großen Fenstern zum Fjord und einen eigenen Obstgarten gibt. Zum Abschluss geben gleich mehrere Plattformen am Trollstigen die Aussicht auf die elf Haarnadelkurven und den Blick ins weite Raumatal frei. ◀

↔ 104 km • ↕ 0 – 1038 m • ⛴ 1 • ❄

Atlanterhavsvegen Start-POI 62.907265, 6.914241

12

Die nur 36 Kilometer lange „Straße im Meer" nimmt zunächst einen eher beschaulichen Anfang. Ab Bud schlängelt sie sich an der Atlantikküste entlang. Herausragend aber ist das letzte Drittel der Strecke. Hier schwingt sich der Fahrweg über moderne Brücken von Holm zu Holm. Das sind kleine Inseln, die den Erbauern dieser Landschaftsroute als natürliche Pfeiler für ihre Brückenwerke dienten. Entlang der Route gibt es einige feine Aussichtsplätze und jede Menge Fotostopps. Von Geitøya aus lohnt eine Bootsfahrt ins historische Fischerdorf Håholmen – und sei es nur, um dort frischen Fisch zu essen. Außerdem ist das Dorf heutzutage ein zauberhaftes Hotel im Schärengarten. ◀

↔ 36 km • ↕ 0 – 30 m • ⛴ 0

13

Helgelandskysten

Start-POI 67.246038, 14.723182

Die Landschaftsroute Helgelandskysten (Fv17) ist mit 433 Kilometern entlang der schmalen Atlantikküste Mittelnorwegens nicht nur die längste der 18 Strecken. An ihrem Weg befinden sich zudem etliche sehenswerte Kunst- und Architekturwerke. Sei es der Rastplatz Godøystraumen an einem der vielen Gezeitenströme, der kunstvoll mit Beton in den Fels des Sjonafjords gestanzte Rastplatz Hellåga oder eben unser Favorit, der Uredplassen. Hier ist schon die Lage die Anreise wert. Doch neben den eindrucksvollen Panoramen bis hin zu den Lofoten mahnt der Ort auch an ein beispielhaftes Schicksal aus dem Zweiten Weltkrieg, nicht als einziger an dieser Küste. ◄

↔ 433 km • ↕ 0–360 m • 6

Lofoten

Start-POI 68.456154, 15.203437

Die 230 Kilometer lange Landschaftsroute führt Besucher einmal quer über die Lofoten und zu den schönsten Plätzen dort. Die Strecke beginnt in Raftsundet und endet in Å – oder auch am „Å... der Welt" wie manch einer dazu sagt. Entlang des Wegs warten ein Dutzend spezieller Punkte mit Kunst, Kultur und Naturschauspiel auf. Unser Favorit ist Eggum, wo ein ungewöhnlicher Rastplatz und ein kleines Kunstwerk eine Pause unverzichtbar erscheinen lassen. Der Rastplatz gleicht einem Amphitheater und lädt zum Genuss der Mitternachtssonne geradezu ein. Das verbaute Material stammt aus der Umgebung, Steine ebenso wie alles Hölzerne, das aus Treibgut gefertigt wurde. ◄

↔ 230 km • ↕ 0–59 m • 0

14

15

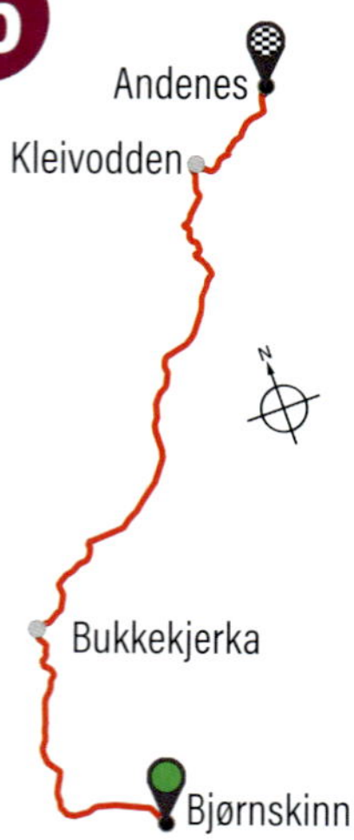

Andøya

Start-POI 68.989779, 15.646872

Die meisten Besucher erreichen die Insel Andøya auf der Rv 82 über die Brücke nach Risøyhamn. Auf dieser Straße verbleiben auch viele – auf dem östlichen Weg nach Andenes im Norden der Insel. Die 58 Kilometer lange Landschaftsroute folgt aber weitgehend der zerklüfteten Westküste. Gleich hinter dem Aussichtspunkt Bukkekjerkabefindet sich aktuell auch die Baustelle für den Weltraumbahnhof Andøya Spaceport, von dem ab 2025 Satelliten ins All fliegen sollen. Zu genießen gibt es aber vor allem feine, weiße Strände, kleine wie große. Der wohl eindrucksvollste liegt bei Bleik. Dort starten auch die beliebten Ausflüge zu den Papageitauchern und Bootssafaris zu den Pottwalen. ◄

↔ 58 km • ↕ 0–65 m • 0

16

Senja

Start-POI 69.362778, 17.053889

Senja ist mit 350 Quadratkilometern Norwegens zweigrößte Insel. Eine Landschaftsroute führt auf gut 100 Kilometern an der Nordküste des Eilands entlang und präsentiert sich als kurvenreiche Achterbahn. Sie zählt zu den schönsten Geheimtipps für Motorradfahrer in diesem an begeisternden Motorradrouten nicht gerade armen Land. Neben der aussichtsreichen Berg- und Talfahrt sind es die Abstecher zu Fischerdörfern und Stränden, die den Trip in den hohen Norden lohnen. Einer dieser Strände ist Ersfjordstranda. Mit seinem weißen Sand könnte er genauso gut in der Karibik oder auf den Malediven liegen. Auf dieser nördlichen Breite erwartet man so etwas jedenfalls nicht. ◄

↔ 102 km ▪ ↕ 0–287 m ▪ 0

17

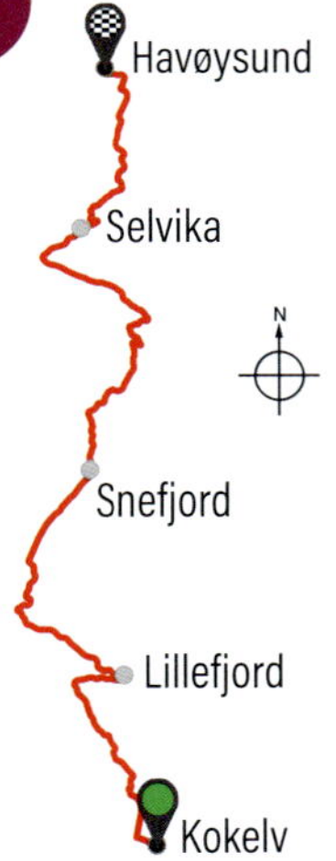

Havøysund

Start-POI 70.6109328, 24.722849

Diese 67 Kilometer lange Landschaftsroute ist eine prächtige Ergänzung zu einer Nordkapfahrt. Obwohl das Ziel auch der End- und damit Umkehrpunkt der Straße ist, lässt sich etwa mit Hurtigruten eine durchaus gelungene Kombination mit dem Nordkap realisieren, denn von Havøysund aus kann man nach Honningsvåg einschiffen und erspart sich zumindest eine Fahrt durch den Nordkaptunnel. Zusätzlich ist diese Route gespickt mit attraktiven Landschaftseindrücken, etwa dem grandiosen Abschnitt zwischen Lillefjord und Snefjord, und künstlerischen Installationen. Von Havøysund aus lässt sich auch der Hjelmsøystauren, einer der größten Vogelfelsen Nordeuropas, besuchen. ◄

↔ 67 km ▪ ↕ 0–233 m ▪ 0

Varanger

Start-POI 70.173942, 28.567617

18

Die abgelegenste norwegische Landschaftsroute zieht sich noch 160 Kilometer durch den äußersten Nordosten des Landes. 2 400 Kilometer sind es von Oslo hierher, nach Rom wäre es ähnlich weit. Zwischen zerklüfteter Klippenküste und weitläufigen Mooren lässt sich auch die wechselvolle Geschichte der Gegend nachvollziehen, wo finnische Einwanderer wie auch samische Traditionen bis heute den Alltag bestimmen. Varanger ist eines der reichhaltigsten Vogelgebiete Nordeuropas – und eine Region, an dem sich nicht selten alle vier Jahreszeiten an einem Tag zeigen. Kurz vor Schluss lohnt noch ein Abstecher zur Festung in Vardø am östlichsten Punkt von Norwegen. ◄

↔ 160 km ▪ ↕ 0–123 m ▪ ❄ 11–05

In zwei Etappen ins Herzland Südnorwegens

Mitten ins Glück

Wer im Rundreiseland Norwegen auf der Suche nach einer Tourenbasis ist, wird in Randsverk fündig. Schon der Weg vom Fährhafen Langesund dorthin hält einige spektakuläre Erlebnisse bereit.

Wasser, wie hier am Fluss Sjoa, ist ein bestimmendes Element in Norwegens Landschaft.

Die aus dem Mittelalter stammende, imposante Stabkirche Heddal ist ein eindrucksvoller Kulturstopp.

57.577783, 9.986483
59.002362, 9.745783
71.169473, 25.783233
59.909455, 10.750620
59.579635, 9.174718

Viele Motorradfahrer, die sich Norwegen als Ziel einer Reise vorgenommen haben, setzen auch das **Nordkap** auf ihre persönliche To-do-Liste. Dabei unterschätzen sie gerne die Größe des Nordlands. So ist die Strecke von **Oslo** bis an den nördlichsten Punkt Europas genau so lang wie die von Oslo nach Rom. Und das braucht Zeit, viel Zeit.

Wer sich nicht drei bis vier Wochen Urlaub am Stück gönnen kann, muss auf das Erlebnis Norwegen nicht verzichten. Schon auf einem Kurztrip von nur einer Woche lässt sich einiges im Land erleben. Dabei lassen sich massenweise landschaftliche Höhepunkte und herausfordernde Strecken genießen – und zwar ausschließlich im Süden des Königreichs.

Wer etwa am frühen Morgen vom dänischen **Hirtshals** aus per Fähre nach **Langesund** startet, hat schon gut viereinhalb Stunden später Norwegen erreicht. Ausgeruht nimmt man die ersten Kilometer unter die Räder, die bereits einige Aha-Effekte mit sich bringen. Zu Beginn geht es zunächst an weiten Obstplantagen, deren Hänge an solche in Südtirol erinnern, und zahlreichen hübschen Fjorden vorbei.

Stabkirche Heddal

Im Osten der Provinz Telemark, westlich von Notodden, lädt die markante Stabkirche **Heddal** zu einer längere Pause. Neben dem eindrucksvollen Kulturstopp lassen sich erste Erfahrungen mit einem der

Lieblingssnacks der Norweger sammeln: Waffeln mit Marmelade und Frischkäse.

Stabkirchen sind hölzerne Sakralbauten, deren gewagte Dachkonstruktionen traditionell auf Stäben errichtet werden – und eine architektonische Spezialität der Skandinavier. Das Exemplar von Heddal gilt als bedeutendste, weil schönste und größte in ganz Norwegen.

Erbaut wurde das rund 20 Meter lange und 26 Meter hohe Gebäude im Mittelalter. Eine Runeninschrift in der Nähe des Südportals datiert die Eröffnung der Kirche auf den 25. Oktober 1242. Verlässliche Quellen lassen sich aber erst in Schriften aus dem 14. Jahrhundert finden. Im Inneren sind die typische, norwegische Rosenmalerei sowie kunstvolle Schnitzereien zu bewundern.

Welterbe Rjukan-Notodden

Lohnenswert ist auch der Besuch des nur wenig abseits liegenden **Freilichtmuseums**, das seit einigen Jahren zum regionalen Komplex des UNESCO-Welterbes Rjukan-Notodden gehört. Die Anlage besteht aus einem ehemaligen Bauernhof und weiteren denkmalgeschützten Gebäuden, in denen sich altertümliche Exponate befinden. Hier lässt sich eine Reise durch die Vergangenheit vom Mittelalter bis ins Jahr 1930 unternehmen und dabei viel über das damals doch recht kräftezehrende Leben der Menschen lernen. ►

59.578703, 9.182242

Das einstmals größte Wasserkraftwerk der Welt gehört zum UNESCO-Welterbe Rjukan-Notodden.

Der 1883 Meter hohe Gaustatoppen ist ein magischer Berg mit einer im Inneren verlaufenden Standseilbahn.

59.817922, 8.722389

59.850408, 8.655628

59.854240, 8.649105

59.847408, 8.663433

59.878698, 8.594158

Bald geht's bergan. Mit dem **Flistjønnskaret** ist auf 1260 Metern ein erster hoher Pass zu überwinden. Er liegt an einer Nebenstrecke, die auch am magischen Berg **Gaustatoppen** vorbeiführt. Im Inneren des 1883 Meter hohen Gipfels verbirgt sich eine lohnenswerte Attraktion: die **Gaustabanen**. Zur Zeit des Kalten Kriegs in den 1950er Jahren entstand hier ein geheimer Nato-Kommunikations-Stützpunkt, obwohl eigentlich ein touristischer Nutzen geplant war. Zur Versorgung der in verschiedenen Höhenlagen im Fels errichteten Gebäude wurden Tunnel in den Berg getriebenen. Der Zugang erfolgte auf 1151 Metern.

Die ersten 850 Meter Strecke überwindet eine eben verlaufende Schienenbahn. Dann erfolgt der Umstieg in eine Standseilbahn, die in einem Winkel von 39 Grad bergan gezogen wird. Der Ausgang liegt heute unweit der **Gaustatoppen turisthytte** auf 1830 Metern.

Schweres Wasser

Auch die nördlich gelegene ehemalige Schwerindustrieregion **Rjukan** hat historische Bedeutung. Anfang der 1930er Jahre wurde hier in großem Stil schweres Wasser, also radioaktiv angereichertes, produziert, das ein notwendiges Hilfsmittel zur nuklearen Kernspaltung und Kettenreaktion ist. Als nicht nur das technische Wissen, sondern auch das Wasser selbst im Zweiten Weltkrieg in die Hände Nazi-Deutschlands zu fallen drohte, konnte nur eine der größten koordinierten Widerstandsoperationen des Krieges dies erfolgreich verhindern.

Heute zeugen nur noch die umliegenden Wasserkraftwerke von Norsk Hydro vom Aufstieg Rjukans zum Industriestandort. Dafür hat der Tourismus rund um den Gaustatoppen Einzug gehalten. Und die UNESCO hat die gesamte Gegend zwischen Notodden und Rjukan zum industriellen Welterbe erhoben.

An sieben Standorten lässt sich Einblick in die norwegische Bevölkerungs- und Industriegeschichte gewinnen. Eindrucksvoll ist sicher der Besuch des einst größten Wasserkraftwerks der Welt: **Vemork**. Kunstliebhaber werden schon zuvor in Notodden die Gelegenheit nutzen, das **Telemark Art Museum** aufzusuchen. Es bietet historische wie morderne Kunst in den Hallen einer ehemaligen Industrieanlage.

59.567151, 9.262131

Am See Tinnsjå vorbei

Wer sich nun wieder mit der bereits eindrucksvollen Natur dieser Gegend befassen möchte, macht sich auf zum **Tinnsjå**, einem bis zu 460 Metern tiefen See. Er liegt etwas weiter östlich an der Route und wird von dieser an seinem Nordufer gestreift.

59.948931, 8.825038

Wenig später erinnert die Landschaft erneut an ein Alpenpanorama. Die Hochebene **Imingfjell** bildet die Grenze zwischen Vestfold og Telemark und Viken. Jedenfalls heißen die Provinzen seit der Gebietsreform

60.152950, 8.618032

59.871032, 8.493720

In diesem Komplex ist das sehenswerte Telemark Art Museum untergebracht.

Das Imingfjell ist nur eine der hübschen und nahezu einsamen Hochebenen auf dieser Etappe.

von 2020 so. Zuvor war die regionale Gliederung Norwegens kleinteiliger. Hier grenzte dann die Telemark an Buskerud. Eine kurvenreiche Straße, die Lust auf mehr macht, führt hinauf in ein Gebiet, das sich mit seinen idyllisch gelegenen Hüttenanlagen als Tagesziel anbietet.

Kahles Dagalifjell

60.411286, 8.440764
60.368835, 8.490385
60.358316, 8.490954
60.154273, 7.443045
60.337859, 8.497238

Torsetlia ist eine solche Anlage. Um das Hotel und die zugehörigen Gästehütten auf der selbst im Sommer kahlen Hochebene des **Dagalifjells** erreichen zu können, gilt es sich in luftige Höhe zu schwingen. Doch die Mühe lohnt, schließlich wird dabei der **Vasstulan**, der mit 1100 Meter höchste Punkt der Straße, überwunden, wo sich zudem noch beste Panoramaausblicke eröffnen. Man blickt hier auf ein Gebiet herunter, das von zahlreichen Seen und Teichen wie ein Käse durchlöchert scheint. Drumherum verteilen sich weite und zwischen Juni und Ende August sattgrüne Wiesen- und Waldlandschaften.

Nach der Zwischenübernachtung geht es am nächsten Morgen über **Dagali** weiter. Der Ort selbst ist nur wenig sehenswert. Er lohnt sich aber als Ausgangspunkt für weitere Erkundungstouren, befindet er sich doch am nördlichen Ende des Numedals und östlich von **Hardangervidda**. Damit sind die größte Hochebene Europas und der gleichnamige Nationalpark gemeint, wo man sich gut und gerne ein, wenn nicht sogar zwei Tage lang aufhalten könnte. Da diese Route aber auf **Randsverk** als Ziel ausgelegt ist, muss in **Geilo** stattdessen ein kleiner Halt genügen.

Der Wintersportort befindet sich am östlichen Rand des **Hardangervidda Nationalparks**. Obwohl nur auf 800 Metern gelegen, sorgen die klimatischen Verhältnisse hier für Schneesicherheit. Selbst im Hochsommer sind die Gipfel wie mit Puderzucker bestäubt.

Im weiteren Verlauf der Etappe wird nun zunächst das Hallingdal durchquert. Vorbei geht es an einigen Gewässern, die erstaunlicherweise als Fjord betitelt werden, obwohl sie doch gar keinen direkten Zugang zum Meer bieten. Bei ihnen handelt es sich um durch Gletscherbewegung entstandene Vertiefungen, die sich nach dem Ende der Eiszeit mit Wasser füllten. Ein gutes Beispiel ist der schmale **Strandafjord**, der sich hier ins Tal schmiegt und an dessen Ufer der Rv 7 vorbeizieht.

61.727559, 9.068049
60.533718, 8.208973
60.610473, 8.505274
60.133054, 7.531103

Kehren zum Golsfjellet

In **Gol** zweigt die Fv 51 ab und windet sich in schön geschwungenen Kehren zum **Golsfjellet** hinauf. Dessen höchste Erhebung, der **Storefjell**, liegt auf 1149 Metern.

Dann ist schon die Valdres-Region erreicht. **Fagernes** ist nicht nur ein Zentrum des Aktivurlaubs, sondern auch Standort des **Valdres Folkemuseums**, eines Freiluftmuseums mit über 100 hier errichteten historischen Gebäuden. Diese vermitteln

60.702889, 8.933375
60.851065, 8.893440
60.812006, 8.946303
60.986098, 9.236413
60.980807, 9.230838

Im Valdres Folkemuseum wurden über 100 Gebäude aus der Region aufgebaut.

Von Beitosølen aus führt der Weg vorbei am markanten Bitihorn auf die Landschaftsroute Valdresflye.

61.294359, 8.799431

61.283792, 8.829811

61.248716, 8.906259

61.552916, 8.530709

61.272028, 8.861074

61.488137, 8.839231

einen umfassenden Einblick in die früheren Lebensumstände ihrer Bewohner.

Das gesamte Gebiet ist geprägt von Seen, Wäldern sowie ausgedehnten Moorflächen, die unter Naturschutz stehen. Im weiteren Verlauf der Fv 51 sind einige Orte vom Wintersport geprägt, bieten aber auch im Sommer eine hinreichende Infrastruktur, etwa in **Beitostølen**.

Am markanten Bitihorn

Unweit des Zentrums lädt der **Bitibua Imbiss** zu außergewöhnlichen Geschmackserlebnissen ein. Zu den Spezialitäten zählen Milch- und Fleischprodukte der hier in Scharen umherwandernden Ziegen. Außerdem lässt sich schon hier ein Blick auf das markante **Bitihorn** erhaschen, das zusammen mit anderen Gipfeln nur einen schmalen Durchlass für die **Landschaftsroute Valdresflye** eröffnet, die hier beginnt.

Der höchste Punkt der Strecke liegt auf 1389 Metern. Während die Berge im Osten bis knapp an die 1800-Meter-Marke reichen, erheben sich im Westen majestätische Zweitausender. Sie liegen allesamt im **Jotunheimen Nationalpark**; mit dem 2469 Meter hohen Galdhøpiggen der höchste Gipfel nicht nur Norwegens, sondern ganz Skandinaviens.

Ein letztes Highlight bei der Abfahrt ins Sjodal ist die Stelle, an der die Straße über den **Sjoa** führt. Vor, hinter und unter der Brücke rauscht der Fluss mächtig talwärts, während um einen herum der Blick von den Majestäten des Hochgebirges begrenzt wird. Man mag sich gerade im warmen Abendlicht kaum von dieser Naturschönheit trennen.

Am Abschluss dieses ereignisreichen Fahrtages gelangt man in die Kommune **Vågå**, wo sich der Ortsteil **Randsverk** als besondere Oase zeigt. Nina und Peter Brag haben dort mit viel Liebe schon vor Jahren ein schönes Areal für Reisende erschaffen. Wer günstig nächtigen möchte, kann den Campingplatz nutzen und dort sein Zelt aufstellen. Oder man entscheidet sich für eine der modernen Hütten, in denen neben Schlafräumen auch ein eigenes Badezimmer, ein Wohnbereich und vor allem eine komplett ausgestattete Küche zu finden sind. Es gibt sie in unterschiedlichen Größen mit Platz für sechs bis zwölf Personen. Wer nicht selbst kochen möchte, wählt in der **Randsverk-Cafeteria** aus frisch zubereiteten Speisen.

61.730459, 9.081622

61.701980, 8.994551
61.730357, 9.080954

Basis für Tagestouren

Neben der Ausstattung und der Gastfreundschaft macht vor allem die Lage Randsverk so besonders. Umgeben ist der Ort von gleich drei Nationalparks. Im Südwesten liegt Jotunheimen, im Nordwesten **Reinheimen** und im Nordosten **Rondane**. Damit ist dieser Standort einer der wenigen in Norwegen, die sich als Basisstation anbieten. Ansonsten ist das Königreich ja eher als Rundreiseland prädestiniert. ◄

62.215447, 7.883422
61.887564, 9.796605

Randsverk ist eine perfekte Tourenbasis – eine Seltenheit in Norwegen.

Legende (alle Karten)

- Startort Etappe
- Zielort Etappe
- Start- und Zielort Rundtour
- Nationalpark; Naturpark
- Route / Fahrtrichtung
- Aussichtspunkt
- Sehenswürdigkeit
- Pass
- Gipfel
- Fähre

TOURDAUER

ca. 10 Stunden (reine Fahrtzeit)
2 – 3 Tage (mit Besichtigungen)

STRECKENLÄNGE

ca. 485 Kilometer · 0 · 7

ROADBOOK

Langesund, Notodden, Heddal, Rjukan, Austbygde, Dagali, Geilo, Gol, Fagernes, Beitostølen, Randsverk.

INFO

Da auf dieser Tour gleich drei Provinzen durchquert werden, bieten sich die zentralen Infos von Visit Norway zur Planung an. **visitnorway.de**

CHARAKTERISTIK

Als zentraler Verkehrsknotenpunkt ist Randsverk eine Ausnahme in Norwegen. Nur selten lassen sich derart viele Tagestouren unternehmen wie von diesem idyllisch gelegenen Camping- und Hüttengrund. Der Ort ist zudem gut erreichbar ab/bis Langesund oder auch Bergen. Jeweils anderthalb Tage sind für die An- und auch die Abreise einzuplanen, was bestens zu den Fährverbindungen von Fjord Line passt.

SCHAUEN

Die **Gaustabanen** bieten ein wirklich einzigartiges Erlebnis (GPS 59.853609, 8.684829). In den 1950er Jahren für eine NATO-Anlage erbaut wurde die durch den Berg geführte Standseilbahn erst 2010 für den Publikumsverkehr eröffnet. Seither befördert sie im Inneren des „magischen Bergs" Passagiere bis an den Fuß der Gaustatoppen Turisthytte, die nicht weit vom 1883 Meter hohen Gipfel des Gaustatoppen entfernt steht. **gaustabanen.no/en**

Norsk Industriarbeidermuseum (GPS 59.871307, 8.492291) liegt am westlichen Ende von Rjukan und ist im einstmals weltgrößten Wasserkraftwerk Vermork untergebracht. Das spannende Museum ist Teil der **UNESCO-Welterberegion Rjukan - Notodden**, zu der insgesamt über 90 Plätze an sieben Standorten gehören, darunter neben Vermork die drei Freiluftmuseen von **Heddal** (GPS 59.578900, 9.180493), **Tuddal** (GPS 59.753814, 8.796187) und **Tinn** (GPS 59.881092, 8.646432) sowie das sehenswerte **Telemark Art Museum** in Notodden (GPS 59.567149, 9.262102). **nia.no/en**

Auf dem Gelände des **Valdres Folkemuseum** (GPS 60.980807, 9.230838) wurden bisher (Stand 2023) mehr als 100 historische Gebäude aus der Region zusammengetragen und im Rahmen eines Freiluftmuseums wieder aufgebaut. Der Besuch verschafft einen guten Einblick in den früheren Alltag ihrer Bewohner. Im modernen Empfangsgebäude gibt es zudem Wechselausstellungen mit Schwerpunkt auf traditionellen Kostüme und Musikinstrumenten. **valdresmusea.no**

SCHLAFEN

Wer mittags in Langesund ankommt, hat nur einen halben Fahrtag zur Verfügung. Daher wird eine Zwischenübernachtung nötig, für die wir das Gebiet zwischen Rjukan und Geilo empfehlen. In beiden Orten gäbe es passende Infrastruktur. Als Tipp empfehlen wir aber das **Torsetlia Fjellstue** (GPS 60.368859, 8.490100) auf der Hochebene kurz vor Dagali. Hier stehen

100 Betten in Zimmern, Apartments und einigen großzügigen Hütten zur Verfügung. Abendessen kann vorab bestellt werden, einen regulären Restaurantbetrieb gibt es nicht. **torsetlia.no**

Auf dem Campinggelände in **Randsverk** (GPS 61.730355, 9.081390) stehen Zeltplätze und einfache Hütten zur Verfügung. Wer es luxuriöser mag, der sollte auf die großen Hütten am Lemonsjøen-See ausweichen, die über die Betreiber von Randsverk zu buchen sind. Das norwegisch-dänische Betreiber-Ehepaar spricht sehr gut Deutsch und hilft gerne bei der Ausarbeitung von Routen. **randsverk.no/de/heim**

SCHLEMMEN

In der Umgebung von Rjukan gibt es rund um den Gaustatoppen einige Almen, die ihren eigenen Käse produzieren und zusammen mit anderen regionalen Spezialitäten auch servieren. Wegen der Witterung sind sie nur zwischen Mittsommer und etwa Mitte September in Betrieb. So auch die **Selstali Alm** (GPS 59.860247, 8.596383). Die Anfahrt führt neun Kilometer über eine Schotterstraße. **selstali.com**

Zu den höchsten Zielen Norwegens

Im Höhenrausch

Norwegens Bergstraßen reichen kaum an 2 000 Meter heran. Doch die landschaftliche Pracht, die sie umgibt ist von überwältigender Schönheit. Auf dieser Etappe werden die höchsten anfahrbaren Ziele erreicht.

Die Panoramastraße Tindevegen eröffnet solch grandiose Aussichten.

Bei einer Fahrt über die Hochebene Valdresflye kann auch im Sommer noch Schnee am Straßenrand liegen.

61.730357, 9.080954

61.389792, 8.811429

61.618944, 8.972654

61.402553, 8.807656

61.488137, 8.839231

61.269397, 8.863413

Nach ein paar Tagen in einer Basis wie **Randsverk**, zieht es einen weiter durch Norwegens berauschende Landschaften. Wer die höchsten Punkte anfahren möchte, die das Land legal zu bieten hat, ist auf dieser Etappe goldrichtig.

Zunächst geht es nach **Hindsæter** und damit zum Einstieg in die norwegische Landschaftsroute Valdresflye. Obwohl die Strecke nur Höhen zwischen 890 und 1389 Meter erreicht, ist der Abschnitt zwischen **Maurvangen**, wo der Fluss Sjoa gequert wird und **Garli** am südlichen Ende der Route im Winter gesperrt. Meist erfolgt eine Öffnung Anfang April, geschlossen wird der Abschnitt im Dezember.

Wer den Anstieg auf die weitläufige Hochebene hinter sich gebracht hat, bekommt selbst im Sommer oft einen Eindruck, warum die Sperrung erfolgt. Starke Winde können selbst an schönen Tagen eine Überquerung zum Abenteuer machen. Da kommt eine Einkehr im **Flye 1389**, einer am höchsten Punkt errichteten Hütte mit Gastronomie, gerade richtig. Unweit erhebt sich mit dem **Steinplassen** übrigens auch eine in die Natur integrierte Skulptur.

Waffeln sind Rastalltag

Essen mit Aussicht ist das Motto der Hütte – und es stimmt. Die herrlich duftenden Waffeln mit frischer Marmelade, die in Norwegen einfach zum Rastalltag gehören, schmecken mit Blick über die Valdresflye gleich nochmal so gut.

Die Abfahrt hinunter zum Parkplatz und Aussichtspunkt **Rjupa** ist gesäumt mit meterhohen Holzstöcken. Sie stehen selbst aus höchsten Schneelagen heraus und zeigen den Räumdiensten den Streckenverlauf an, wenn sie die Landschaftsroute für die Saisoneröffnung vorbereiten.

Abstecher Jotunheimen

Ein kurzes Stück weiter zweigt die für mehrspurige Kfz mautpflichtige Naturstraße **Jotunheimvegen** ab. Sie führt tief in den Nationalpark hinein und wird gerne als Anfahrt zu einer Nacht in der Natur genutzt. Das Ende dieser faszinierenden Strecke befindet sich auf dem **Skåbufjell**, bevor bei **Vinstra** Norwegens bekannte Nord-Süd-Achse E6 erreicht wird.

Mit dem Durchbruch am Bitihorn ist auch die Valdresflye zu ihrem Ende gekommen. In **Skammestein** zweigt etwas verborgen der Skøltevegen rechts vom Rv51 ab. Nach den Gestaden des **Hedalsfjorden** wechseln sich Wälder mit kleinen landwirtschaftlichen Flächen ab – ein ungewohntes Bild so kurz nach der kahlen Schönheit der Hochebene.

Es dauert nicht allzu lang, dann schwenkt die abwechslungsreiche Strecke auf den Hørevegen ein. Und der führt direkt zur **Høre Stabkirche**. Bereits im zwölften Jahrhundert entstand hier ein erstes Gotteshaus aus Holz. Davon steht immerhin noch das Grundgerüst.

61.343118, 8.812699

61.198093, 8.981909

61.186896, 8.974416

61.354515, 9.057446

61.153449, 8.804582

61.524292, 9.406418

61.593731, 9.725980

Rauschende Gewässer wie die Otta begleiten die Route und liefern Anlass zu manch spannendem Stopp.

Bizarre Felsformationen erheben sich hinter dem See Vangsmjøse, der sich entlang der E16 erstreckt.

61.230774, 8.234565
61.310704, 7.806016
61.730357, 9.080954
61.313186, 7.788675
61.165550, 8.394938
61.167659, 8.399793
61.431469, 7.723750
61.203923, 8.237638

Das aktuelle Gebäude haben wir der Restaurierungswelle des 19. Jahrhunderts zu verdanken. Besonders beeindruckend sind Schnitzkunst und Malereien am Altar.

Stabkirche statt Tunnel

Die kommenden Kilometer geht es am langgestreckten **Vangsmjøse** entlang. Der See liegt malerisch eingebettet zwischen steil aufragenden Berggipfeln, die gerade noch genug Platz für das Asphaltband der E 16 lassen. Statt durch den **Rødølstunnel** zu fahren, bietet sich ein Abstecher ins Dorf **Øye** an, wo eine weitere Stabkirche besucht werden kann.

Vor dem nächsten Tunnel der E16 ist ein Abzweig auf den **Rv 53** angeraten. Es geht auf über 1000 Meter hinauf ans Ufer des Bergsees **Tyin**. Der Tyinvegen knickt nun westwärts ab, bleibt aber noch einige Zeit auf der Höhenlage, bevor er sich in ein paar Serpentinen und Tunneln hinab nach **Øvre Årdal** stürzt.

Der Ort lebt von der Aluminium-Produktion, bietet sich aber dennoch für eine Pause an, denn in der Folge wird es ziemlich einsam. Als nächstes schwingen sich nämlich bereits die engen und steilen Serpentinen der privaten **Panoramastraße Tindevegen** in die Bergwelt hinauf.

Diese mautpflichtige Prachtstrecke ist für Autos und Motorräder geeignet, Wohnmobilisten sollten es sich aber gut überlegen, sie zu befahren. Die **Mautstation** befindet sich am höchsten Punkt auf 1314

Metern. Das hört sich wenig spektakulär an, aber es gilt zu beachten, dass man von nur knapp über Meereshöhe hierhin aufsteigt. Øvre Årdal liegt ja am Ufer des **Årdalsfjords**, dem östlichen Nebenarm des gigantischen Sognefjords, der immerhin mehr als 200 Kilometer weiter westlich an der Fjordküste seinen Anfang nimmt.

Spektakuläre Aussichten

Erst 32 Kilometer später ist wieder ein zivilisatorischer Außenposten erreicht, wenn der Tindevegen am **Turtagrø Hotel** in den Sognefjellsvegen (Fv 55) einmündet. Hier, auf gut 1100 Metern Höhe, gibt es denn auch gleich ein paar spektakuläre Aussichtspunkte, die auf weitere dieser Art einstimmen. Auch diese zu den norwegischen Landschaftsrouten zählende Strecke bleibt im Winter geschlossen, meist von Mitte November bis Anfang Mai. Das kann kaum verwundern, führt sie doch über Nordeuropas höchsten Straßenpass.

Zuvor geht es aber noch vorbei an prachtvollen Hochgebirgsseen, die immer wieder zu einer kurzen Pause verleiten. Von einigen der Rastplätze, etwa dem **Mefjellet**, ist auch manch Blick auf die majestätischen Gipfel der umliegenden 2000er zu erhaschen.

Vor solcher Kulisse ist der Pass **Fantesteinen** mit seinen 1434 Metern leicht zu übersehen. Als Orientierung dient die nur wenig westlich liegende **Sognefjellshytta**,

61.309329, 7.786720

61.559009, 7.955676

61.504134, 7.802653

61.565901, 8.006364

61.564945, 7.997900

Entlang der Landschaftsrouten wie hier am Sognefjell bieten Kunstinstallationen völlig neue Naturansichten.

Die Stabkirche von Lom aus dem 12. Jahrhundert ist eine der größten und schönsten in Norwegen.

61.837778, 8.568445

61.839803, 8.566292

61.673815, 8.369077

61.636472, 8.312443

61.900546, 8.173185

bevor es so langsam, aber stetig hinab ins Ottatal geht. Gut 50 Kilometer sind es noch nach **Lom**, weitere 25 Kilometer kommen aber noch auf einem unbedingt einzuplanenden Abstecher hinzu.

Dieser führt dann tatsächlich zum höchsten legal anfahrbaren Punkt des Landes, der **Juvasshytta**. Sie ist Ausgangspunkt für Wanderungen rund um und zum höchsten Gipfel nicht nur des Landes, sondern ganz Skandinaviens, dem 2469 Meter hohen **Galdhøpiggen**.

Möchte man diese Etappe an zwei Tagen meistern, ist Lom sicher ein geeigneter Übernachtungsort. Hier findet sich alle notwendige Infrastruktur. Wer es etwas rustikaler mag, kann ja über eine Hüttennacht in luftiger Höhe nachdenken. Entlang der Sognefjell-Route wie auch in der Juvasshytta sind Betten buchbar.

Knapp 300 Kilometer dieser Tour sind geschafft, gut 200 bleiben noch. Auch die werden es in sich haben. Den Tag einläuten kann man ja vielleicht mit einem Besuch der **Stabkirche** von Lom, einer der größten des Landes. Sie steht an der Einmündung des Bovra in die Otta – und das auch schon seit dem 12. Jahrhundert.

Sommerliches Countryfest

Die E15 folgt zunächst dem Wildwasser der Otta flussaufwärts. Wer zur passenden Zeit im Lande ist und Interesse an derartiger Musik hat, kann in **Skjåk** dem stets Ende Juni stattfindenden Country-Festival seine Aufwartung machen. Das findet nun auch schon seit der Jahrtausendwende jährlich ein wenig abseits des Otta-Ufers statt.

Der Fluss ist ein treuer Begleiter, auch wenn sich die Otta alsbald in mehrere Seitenarme ihres Oberlaufs verästelt. Es bleibt aber spektakulär anzusehen, wie sie mal ruhig, fast wie ein See wirkt, dann wieder über felsige Gefällstrecken rauscht, als wäre sie auf der Flucht.

In diesem Rhythmus zieht sich die Strecke sanft ansteigend zunächst bis nach **Grotli**, wo der Gamle Strynefjellsvegen in die E15 mündet, und weiter an den See **Langvatnet**. Hier zweigt der **Rv 63** von der gut ausgebauten Europastraße ab und führt fortan durch eine der beliebtesten Gegenden des Landes.

Der wohl spektakulärste Überblick über diese Landschaft wie auch den grandiosen weiteren Verlauf der Route bietet sich ganz sicher nach der Fahrt auf den **Dalsnibba**. Die nur viereinhalb Kilometer lange, mit zehn Serpentinen gespickte Mautstraße endet an einem Aussichtspunkt auf 1476 Metern Höhe, der ein 360-Grad-Panorama ermöglicht. 62.048776, 7.269988

Zimmer mit Aussicht

Zurück auf den Rv 63 lassen sich dann endlich die Kurven und Kehren genießen, die zuvor aus der Vogelperspektive zu betrachten waren. Ein Zwischenstopp bietet sich immer mal wieder an, ganz besonders aber am **Hotel Utsikten** hoch über Geiran-

62.013494, 7.631292

62.013564, 7.398822

62.014177, 7.394857

62.092697, 7.224069

Die Landschaftsroute Geiranger – Trollstigen führt durch eine bezaubernde Bergwelt.

Einfach spektakulär ist die Auffahrt zum Aussichtspunkt Ørnesvingen oberhalb des Geirangerfjords.

62.107049, 7.094191

62.102989, 7.204794

62.194061, 7.143920
62.262821, 7.171862

62.12626334, 7.16721732
62.102989, 7.204794
62.215447, 7.883422

62.416613, 7.640154

ger. Eine Werbung für „Zimmer mit Aussicht" können sich die Betreiber sparen. Das Fensterputzen hingegen nicht. Auch wenn der weltbekannte **Geiranger Fjord** gerade im Sommer stark frequentiert ist, so ist sein Anblick doch jede Mühe wert.

Jede Menge Wasserfälle

Gleiches gilt auch für den Aussichtspunkt **Ørnesvingen**, der in Kehre 11 des **Ørnevegen** seine wagemutigen Besucher aufnimmt. Schwindelfrei sollte schon sein, wer einen Blick von hier auf die Welt unter einem wagt. Einen eigenen Wasserfall haben die Architekten der Plattform auch gleich spendiert. Als wenn nicht schon genug davon an den Hängen rund um den Fjord zu erblicken sind, unter anderem die rauschenden Sturzbäche der **Sieben Schwestern**. Da ist es schon fast erholsam, wenn die Strecke zwar noch immer eingebettet in herrlicher Landschaft, im weiteren Verlauf vom **Eidsvatnet** bis zum Fähranleger in **Eidsdal** am Norddalsfjord langsam austrudelt.

Der letzte Abschnitt des Tages wird in seinem abermals spektakulären Verlauf nochmal alle Register ziehen. Und erst dann wird der gigantische **Nationalpark Reinheimen**, der schon seit dem Morgen längs der Strecke schlummert, halb umrundet sein. Ein paar spärliche Informationen über den Park können an einem **Rastplatz** gesammelt werden.

Mit fast 2000 Quadratkilometern ist Reinheimen ein Schutzgebiet für eine große, zusammenhängende Wildnis mit spärlicher Flora und wenigen, aber umso schützenswerteren Tierarten, etwa dem Steinadler. Von den Ausläufern einiger Fjorde über zahlreiche Berggipfel bis hinab ins fruchtbare Gudbrandsdalen reicht die landschaftliche Vielfalt des Parks.

Der Rv 63 führt nur auf seinen letzten Kilometern durch den Park. Dabei wird auf 866 Metern Höhe ein leider **namenloser Pass** überwunden, lediglich auszumachen durch seine Lage auf der Grenze zweier Gemeinden. Das eigentliche Spektakel folgt etwas später: der **Trollstigen**. Seine gerade Mal zehn Serpentinen sind Legende. Schuld ist das **Besucherzentrum Trollstigen**. Auf mehreren Plattformen lässt sich hier ein Blick auf die meisterlich erbaute Serpentinenstrecke erhaschen – wie auch auf den Wasserfall, den 320 Meter hohen **Stigfossen**. 62.456306, 7.670394

Traumziel für Outdoorfans

Am Etappenziel in **Åndalsnes** 62.568982, 7.686353
ist man als Outdoorer bestens aufgehoben. Es gibt zahllose Möglichkeiten, 62.432317, 7.657211
sich hier die Tage mit allerlei Aktivitäten in der traumhaften Natur zu vertreiben. So lässt sich die Landschaft in Norwegen noch intensiver erleben. Etwa auf der **Rampe-** 62.560752, 7.712421
streken, einer über einen Wanderweg 62.458319, 7.666664
erreichbaren Aussichtsplattform mit beeindruckendem Panorama. ◄ 62.453983, 7.664627

Die Serpentinen am Trollstigen sind ein wahrer Besuchermagnet.

NORWEGEN • RANDSVERK - LOM - ÅNDALSNES

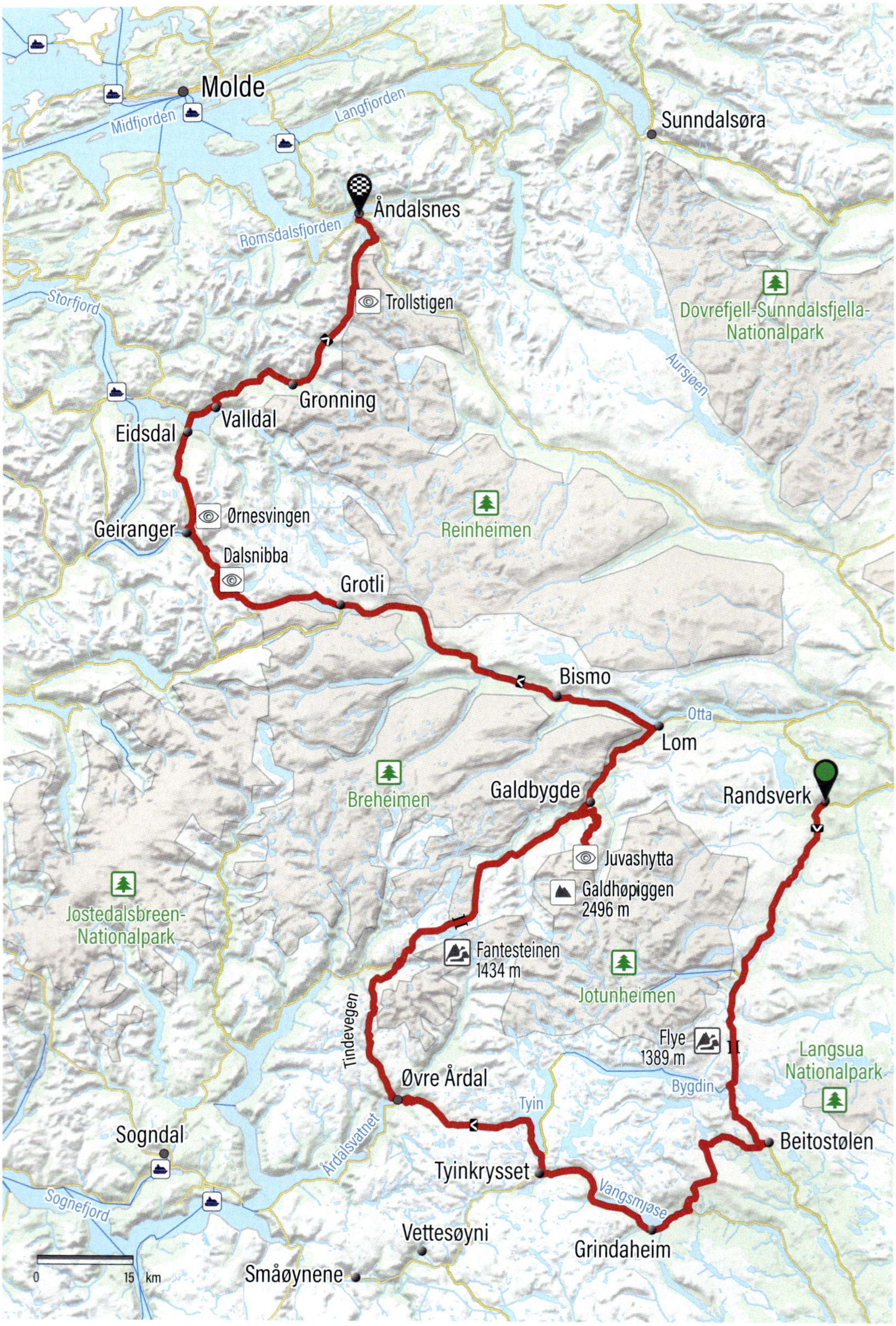

TOURDAUER

ca. 10 Stunden (reine Fahrtzeit)
2 - 3 Tage (mit Besichtigungen)

STRECKENLÄNGE

ca. 490 Kilometer • 1 • 6

ROADBOOK

Randsverk, Beitostølen, Tynkrysset, Øvre Årdal, Tindevegen, Sognefjell, Juvasshytta, Lom, Grotli, Dalsnibba, Geiranger, Eidsdal, Trollstigen, Åndalsnes.

INFO

Die Route verbleibt weitgehend in den Provinzen **Innlandet** (**en. visitostnorge.no**) sowie **Møre og Romsdal** (**fjordnorway.com/de/reiseziele/nordwest**).

CHARAKTERISTIK

Die Etappe führt zum höchsten und einigen der schönsten Punkte im Süden Norwegens. Daher sollte Bergerfahrung vorhanden sein. Der Anstieg zum **Tindevegen** (**tindevegen.no**) ist mit engen Kehren gespickt. Hier, genau wie bei der Fahrt zum **Dalsnibba** (**dalsnibba.no**), wird eine kleine Maut fällig. Auch der Anstieg am **Geirangerfjord** auf dem **Ørnevegen** hat es in sich. Den Abschluss bildet die spektakuläre Abfahrt vom **Trollstigen**.

SCHAUEN

Gleich drei der berühmten norwegischen Stabkirchen und die darin enthaltene Schnitzkunst können entlang dieser Route besichtigt werden: **Høre** (GPS 61.153883, 8.804323), **Øye** (GPS **61.167659, 8.399793)** und **Lom** (GPS 61.839679, 8.566225). Alle stammen ursprünglich aus dem 12. Jahrhundert, die aktuellen Gebäude sind aber jünger. **stavechurch.com**

Viele Naturattraktionen lassen sich eben nur erwandern. So auch das Gebiet um den **Galdhøpiggen**, der mit 2 496 Metern der höchste Berg des Landes - und Skandinaviens - ist. Die mautpflichtige Anfahrt führt bis zur **Juvasshytta** (GPS 48.366804, 10.898697) - und die ist gleichzeitig der höchste anfahrbare Punkt in Norwegen. **juvasshytta.no**

Rund um **Åndalsnes** (GPS 62.562478, 7.690282) sollte man etwas länger verweilen. Der Ort zu Füßen majestätischer Gipfel ist ein Zentrum des Berg- und Outdoorsports. Und noch ein Tipp: ein Tagesausflug mit der **Raumabahn** nach Dombås und zurück. Man sagt, es sei die schönste Bahnreise der Welt. **raumabanen.no**

SCHLAFEN

Mitten im Zentrum von Lom liegt das **Hotel Fossberg** (GPS 61.837868, 8.569217), ein traditionelles Holzgebäude mit gemütlichen Zimmer und eigenem Restaurant mit Außenterrasse. **fossberg.no**

Ebenfalls in Lom heißt die Familie Garmon schon seit 1897 Gäste im historischen **Fossheim Hotel** (GPS 61.838633, 8.572261) willkommen. Neben den Zimmern in zwei Gebäuden gibt es auch Hütten. Das Restaurant genießt zudem einen ausgezeichneten Ruf. **fossheimhotel.no**

Wer es moderner mag, findet im **Brimibue Hotel** die passende Unterkunft in Lom (GPS 61.837257,

8.567871). 14 schmucke Zimmer und ein gutes Restaurant versprechen einen angenehmen Aufenthalt. **brimibuehotel.no**

Ob Zelt oder Wohnmobil, einen Platz mitten in einem Ort wie Lom findet man nicht so oft. Das **Nordal Turistsenter** (GPS 61.838735, 8.571258) bietet die komplette Infrastruktur für Selbstversorger mit Blick auf die berühmte Stabkirche und liegt gleichzeitig fußläufig zu allen Restaurants des Orts. **nordalturistsenter.no**

Hotel Aak (GPS 62.536479, 7.730254) bei Åndalsnes gilt als eines der ersten Touristenhotels des Landes. Charmante Zimmer, großartiges Essen. **hotelaak.no**

Hütten, Zelt- und Stellplätze gibt es kurz vor Åndalsnes im **Trollstigen Resort** (GPS 62.526192, 7.707014). **trollstigenresort.no**

SCHLEMMEN

Süßmäuler finden in der **Tya Bakeri, Kafè & Bar** (GPS 61.310448, 7.805948) in Øvre Årdal ihre Erfüllung. Besonders schön ist es auf der sonnigen Terrasse.

Hier wird der Reisende zum Seemann

Wasser marsch

Diese Tour befasst sich mit Wasser in allerlei Form: als Wasserfall tief an Felsen entlang fallend, als Fjord weit ins Land einschneidend und schließlich als Meer eine raue Küste formend. Schön, dass es auch Wege gibt, dies zu entdecken.

Die 260 Meter lange Storseisund-Brücke ist zum weithin sichtbaren Symbol der norwegischen Landschaftsroute Atlanterhavsvegen geworden.

Für Schwindelfreie hält Aurstaupet, der höchste Punkt am Aursjøvegen, tiefe Aussichten ins Eikesdal bereit.

62.568982, 7.686353
62.661509,7.501389
62.77679, 8.067484
62.684797, 7.464529
62.907311, 6.91437
62.475817, 8.173791
62.661203, 8.110943
62.716038, 7.941579

Von **Åndalsnes** aus könnte man so schnell an der Küste sein. Nur etwa 30 Kilometer vom Romsdalford nach **Åfarnes** fahren, mit der Fähre kurz nach **Sølsnes** übersetzen und nicht mal eine Stunde später bei **Bud** in die Atlantikstraße einbiegen. Aber was würde man alles verpassen!

Also geht es zunächst von Åfarnses aus auf der Fv 660 gen Osten: den schmalen Langfjord entlang, fast auf seiner gesamten Länge. Auf dem Weg nach **Eresfjord** zwängt sich der Weg zum Abschluss dann aber lieber durchs **Vistdal**, um schließlich einen Anstieg von fast Null auf 540 Meter zu meistern und wieder auf fast Meereshöhe zurückzukehren.

Das bisschen Achterbahn ist ein kleiner Vorgeschmack auf ein größeres Abenteuer, das nun nicht mehr lang auf sich warten lässt. Wer die Tour um 115 Kilometer verkürzen möchte, verbleibt hier auf der 660 bis **Eidsvåg**. Alle anderen stechen in ein schmales Tal hinein und folgen der Fv 191 an einem langgestreckten Bergsee vorbei nach **Eikesdalen**.

Steile Felsflanken

Der Weg ist stark vertunnelt, was daran liegen mag, dass die Straße erst Anfang der 1990er Jahre eröffnet wurde. Zuvor war eine Fähre die einzige Verbindung zwischen Nord- und Südende des Eikesdals. Das Tal wird flankiert von steilen Felswänden, die hunderte Meter in die Höhe schießen und sich als bevorzugtes Revier für Basejumper entpuppen.

Ein Höhepunkt im Tal ist sicher der Wasserfall **Mardalsfossen**. Um ihn zu erreichen, ist ein zweieinhalb Kilometer langer Stich zu fahren, der in einen kostenpflichtigen **Parkplatz** mündet. Hier schließt sich eine 45-minütige Wanderung an.

62.474234, 8.122852

62.489625, 8.141313

Strom aus Wasserfallkraft

Der Wasserfall gilt als einer der schönsten in ganz Nordeuropa. Seine Kaskaden überwinden insgesamt 655 Meter, die längste davon 297 Meter am Stück. Kleine Kuriosität: Der Mardalsfossen ist von Besuchern nur in den Monaten Juni, Juli und August in voller Pracht zu genießen. Den Rest des Jahres wird ein Großteil seiner reißenden Kraft zur Energiegewinnung genutzt. Ein durchaus gelungener Kompromiss.

Zehn Kilometer weiter südlich findet die Talstraße ihr Ende – und es beginnt eine der großartigsten Naturstraßen des Landes, der mautpflichtige **Aursjøvegen**. Die über 50 Kilometer lange Strecke wurde 1947 als Zufahrt zu den Dammbaustellen des Wasserkraftwerkes Aura errichtet. Bis heute ist sie nicht asphaltiert, jedoch gut befahrbar.

62.420780, 8.318617

Allerdings ist zu beachten, dass sie weitgehend einspurig angelegt ist. Außerdem führt sie durch zwei alte, noch dazu unbeleuchtete Tunnel. Doch die Landschaft und vor allem die sich in ihr eröffnenden Aussichten machen die Mühe wett. Es ist ein spektakuläres Erlebnis. ►

Der Mardalsfossen gilt als einer der schönsten Wasserfälle Nordeuropas.

Der mautpflichtige Aursjøvegen führt als spektakuläre Naturstraße durch ein einsames Stück Norwegen.

62.401653, 8.371589

62.668513, 8.529167

62.406061, 8.54048

62.748028, 7.259063

62.675197, 8.563293

Den prachtvollsten Ausblick bietet das Felsplateau **Aurstaupet**, das völlig ungesichert in Richtung Eikesdalen weist. Hier ist auch der höchste Punkt der Strecke auf 947 Metern erreicht. Wem das Schweißperlen auf die Stirn treibt, der findet Abkühlung an den Bergseen. Am größten davon, dem **Aursjøen**, befindet sich auch eine rustikale Schutzhütte des norwegischen Wandervereins DNT.

Zwei Mal vier Kehren

In vier steilen Kehren ging es aus dem Eiksdal bergan, genauso geht es nun Richtung **Sunndalsøra** bergab. Zur Grundsicherung sind hier wenigstens die Kehren selbst asphaltiert. Mit dem Ort ist denn auch das Ufer des Sunndalsfjords erreicht. Wer den Tag gut genutzt hat, wird sich hier wohl eine Unterkunft suchen, denn obwohl bisher nur gut 170 Kilometer gefahren sind, dürfte es schon recht spät geworden sein wegen der vielen Attraktionen und Wanderpausen.

Der **Fv 62** bestimmt den nächsten Abschnitt der Tour, fast 80 Kilometer weit bis vor die Tore von **Molde**. Schon seit dem Ende des 19. Jahrhunderts bietet die ruhige Stadt eine umfassende touristische Infrastruktur. Dafür sind neben guten Verkehrsanbindungen sicher auch die Stopps der Hurtigruten-Schiffe sowie die Lage am Einstieg in die Atlantikstraße verantwortlich.

Jedes Jahr im Juli wird hier seit 1961 groß aufgespielt. Wenn das Festival Moldejazz ruft, kommen die großen Stars dieser Musik in Scharen an die Schärenküste. Gut die Hälfte der um die 140 Konzerte sind frei, eine sechsstellige Besucherzahl keine Seltenheit. Einige Konzerte sind besonders beliebt, etwa die in der modernen **Kathedrale** von Molde.

Der Atlantik ruft

Nördlich von Molde ist es so weit, der Atlantik ruft. Zunächst noch leise, ab **Bud**, diesem malerischen Fischerdorf, aber lauter und vernehmlicher. Je nach Wetter natürlich. Es kann auch hier an der Küste erstaunlich still sein. Vom Kreischen der Möwen mal abgesehen.

Auf den nächsten Kilometern wird schnell ersichtlich, welche Faszination gerade dieser norwegische Küstenstreifen ausübt. Auf einem kurzen Abschnitt ist das Leben am und vom Meer mit seiner Geschichte erlebbar.

Die Gletscher der letzten Eiszeit haben eine bezaubernde Schärenküste zurückgelassen, deren markanteste Erhebungen die felsigen Holme sind, die wie kleine Kieselsteine im Wasser verteilt liegen. Manche von ihnen sind sogar bewohnt, obwohl nur wenige Quadratmeter groß. Manche dieser Eilande wurden zu felsigen Fundamenten für ein nur etwas mehr als acht Kilometer langes Stück Prachtstraße, den **Atlanterhavsvegen**.

Bereits Anfang des 20. Jahrhunderts sollte hier ein Verkehrsweg

GPS 62.738370, 7.160620

GPS 62.906947, 6.914915

GPS 62.420780, 8.318617

Moldejazz lockt stets im Juli Musikfans aus aller Welt an Norwegens Gestade.

Einladend wirken die bunten Lagerhäuser im Fischerhafen von Bud am westlichen Ende der Atlantikstraße.

63.000029, 7.286370
63.011405, 7.425901

entstehen, allerdings zunächst eine Bahnverbindung zwischen **Vevang** und **Kårvåg**. Sechs Brücken sowie diverse Aufschüttungen waren nötig, um die Felsinseln zu verbinden, die nun so etwas die Naturpfeiler der Atlantikstraße ausmachen.

Bauwerk des Jahrhunderts

Die Baukosten von rund zwölf Millionen Euro wurden, wie das in Norwegen so üblich ist, per Streckenmaut erhoben. Schon nach zehn Jahren war der erst 1989 eröffnete Abschnitt der Rv64 wieder mautfrei. 2005 wurde der Atlantkikstraße eine besondere Ehre zuteil: Sie gilt seither als norwegisches Bauwerk des Jahrhunderts.

Der Grund dafür ist einleuchtend, wenn man sich mit der Lage der Straße auseinandersetzt. Zwischen Schären und Holmen schlängelt sich das Asphaltband unter anderem über sechs Brücken, wovon mindestens zwei Kultcharakter haben. An der **Myrbærholmbrücke** haben die Architekten rechts und links zwei zusätzliche, gesicherte Anglerbrücken angebracht. In den schnell fließenden Gewässern, die das Bauwerk überbrückt, beißen die Fische besonders gut, darunter Seelachs, Dorsch und Makrele.

63.016442, 7.344561

Das herausragende Bauwerk ist aber die **Storseisundbrücke**. Der kühne Schwung, mit dem sich die Straße hier übers Wasser erhebt, lässt Achterbahnfeeling verspüren. Insgesamt 260 Meter ist die Dreibogenbrücke lang. Der mittlere ihrer drei Bögen bietet eine Durchfahrtshöhe

63.018523, 7.365099

von 23 Metern – und damit genug auch für große Pötte.

Auf der Fahrt Richtung Osten ist nun **Eldhusøya** erreicht. Hier haben die Erbauer der Atlantikstraße eine **Wanderplattform** rund um das Felseneiland gelegt, von der aus sich die beliebtesten Foto-Gelegenheiten bieten. Ein **Denkmal** am Weg erinnert an die vor dieser Küste den Wetterbedingungen zum Opfer gefallenen Seeleute. Und im Sommer wird am Besucher-Parkplatz ein **Café** betrieben – mit Blick auf die Storseisundbrücke.

Viele Besucher kommen gerne im Herbst, um zu sehen, wie die legendären Herbststürme wütend das atlantische Gewässer gegen Brücken und Molen peitschen lassen. Für Motorradfahrer sind diese Witterungsbedingungen heikel. Schon bei sommerlichen Auffrischungen ist permanente Schräglage angesagt. 63.018164, 7.364266
Ab Mitte September ist von einer Befahrung eher abzuraten, es sei 63.019363, 7.365956
denn, als Mutprobe.

Ein Besuch auf Håholmen 63.018473, 7.362153

Der Rv 64 Atlanterhavsvegen ist nicht nur die schönste Verbindung zwischen Molde und **Kristiansund**, 63.124038, 7.727122
er führt auch zu den wenigen, noch 63.018523, 7.365099
bewohnten Holmen. Sein Fahrzeug zurücklassend lässt sich von hier aus etwa **Håholmen** ein Besuch 63.029365, 7.396502
abstatten. Wo früher hunderte Menschen Trockenfisch produzierten und in beengten Verhältnissen

Hustadvika bietet eine atmosphärisch zur Atlantikstraße passende Unterkunft.

Drei Inseln, auf den sich die vier Stadtteile von Kristiansund verteilen, bieten dem zentralen Hafen Schutz.

hausten, betreibt die Hotelgruppe Classic Norway heute ein einzigartiges Hotel.

Gute 100 Kilometer sind es von Molde nach Kristiansund, ein Drittel davon macht den Atlanterhavsvegen zwischen Bud und Kårvåg aus. Mit ein paar Abstechern und Umwegen werden schnell auch 150 Kilometer daraus. Wer Landschaft, Aus- und Ansichten genießen möchte, sollte sich für den Atlanterhavsvegen und die Umgebung mindestens einen Tag Zeit nehmen.

63.109892, 7.753603
63.105086, 7.732808
63.123511, 7.731661

Genug zu entdecken

Am besten ist es, gleich eine Übernachtung, etwa auf einem der **Campingplätze** bei Bud, in historischem Ambiente in **Hustadvika** an der Bucht von Storholmen oder auf Håholmen, einzuplanen. Zu sehen, entdecken sowie einfach nur genießen gibt es genug.

63.119422, 7.729356
62.903941, 6.928876
62.568982, 7.686353

Das gilt natürlich auch für Kristiansund. Die Hafenstadt ist nicht nur bekannte Zwischenstation an der Hurtigrute, sondern durch ihre einzigartige Lage selbst eine Attraktion. Der Ort verteilt seine vier Stadtteile nämlich auf drei Inseln – **Nordlandet**, **Innlandet** sowie die Doppelinsel **Gomalandet/Kirklandet**. Aus der Luft sieht das einem Kleeblatt ziemlich ähnlich.

Zwischen den vier Stadtteilen verkehren Passagierboote, die Sundbåten. Fans maritimer Baukunst werden im Werftmuseum **Mellemværftet** Spannendes zum Bootsbau entdecken. Die Anlage gehört zur Stiftung Nordmøre Museum, die auch noch das historische **Handelshaus und Kaffeerösterei Patrick Volckmar** sowie das **Klippfisk Museum** in Kristiansund verwaltet.

Stockfischinsel Grip

Um mehr in die Geschichte des Klippfisk (Stockfisch) einzutauchen, lohnt es sich, ein Fahrzeug mal stehen zu lassen und stattdessen ein Boot zu entern. Nur noch im Sommer ist nämlich das einstige Fischerdorf **Grip** bewohnt und ein beliebtes Ausflugsziel. Früher war es eine der wichtigsten Produktionsstätten für diese nordische Spezialität. Mitten im Ort steht eine **Stabkirche**, eine der kleinsten des Landes. Auf der Schäre Bratthårskollen, einer der rund 200 Schären um die Hauptinsel herum, erhebt sich Norwegens höchster Leuchtturm, der 44 Meter hohe **Grip Fyr**.

200 Kilometer sind es nun noch bis **Trondheim**, also noch eine weitere Tagestour. Man kann den schnellen Weg über die E 39 am **Vinjefjord** entlang wählen. Oder man rollt weiter die Schärenküste entlang und lässt sich vielleicht zu einem Fährausflug auf die Insel **Smøla** verleiten. Mit dem Fischerdorf **Veiholmen** wartet an dessen nördlichem Ende, tatsächlich über eine kleine Straße erreichbar, ein weiteres Postkartenmotiv auf Entdeckung. So oder so – langweilig wird es an Fjordnorwegens Schärenküste ganz sicher nicht. ◄

63.121813, 7.729907
63.115426, 7.738985
63.233875, 7.609131
63.430447, 10.395212
63.147615, 8.423857
63.286392, 8.137007
63.518805, 7.953562
63.219579, 7.593715
63.219722, 7.593908

Das Fischerdorf Grip ist nur noch im Sommer bewohnt – und ein prachtvoller Tagesausflug ab Kristiansund.

0 5 10 15 20 km
Bud
Tornes
Molde
Midfjorden
Hustad
Vevang
Atlanterhavsvegen
Kårvåg
Malmefjorden
Hjelset
Åfarnes
Langfjorden
Romsdalsfjorden
Åndalsnes
Mardalsfossen
GRIP
Bremsnesfjorden
Kristiansund
Ytre Møyholmen
SMØLA
Eidsvåg
Aspøya
Tømmervåg
Nordheim
Eresfjord
Eikesdalen
Aursjøvegen
Tingvollfjorden
Sunndalsøra
Dovrefjell-Sunndalsfjella-Nationalpark
Foldfjorden
Helsøya
Ramsøya
HITRA
Skei
Snota 1668 m
Magerøya
Kyrksæterøra
Utsetøya
Meldal
Orkanger
Oppdal
Berkåk
Trondheim
Buvika
Støren
Melhus
Klæbu
Trondheimfjord
Forollhogna National Park

TOURDAUER

ca. 13 Stunden (reine Fahrtzeit)
3 – 4 Tage (mit Besichtigungen)

STRECKENLÄNGE

ca. 550 Kilometer • 1 • 27

ROADBOOK

Åndalsnes, Åfarnes, Eresfjord, Eikesdalen, Aursjøvegen, Sunndalsøra, Eidsvåg, Molde, Bud, Vevang, Kårvåg, Bruhagen, Kristiansund, Tømmervåg, Kyrksæterøra, Orkanger, Trondheim.

INFO

Zu fast allen beschriebenen Zielen finden sich weitere Informationen auf der Webseite von Fjordnorwegen, unter dem Reiseziel „Nordwest".

fjordnorway.com/de

CHARAKTERISTIK

Die Route bringt, obwohl fast gänzlich nur knapp über Meereshöhe verlaufend, zwei Herausforderungen mit sich. Der mautpflichtige **Aursjøvegen (visitaursjovegen.no)** ist eine schmale Naturstraße, die bei Nässe gemieden werden sollte. Am **Atlanterhavsvegen** ist ebenfalls aufs Wetter zu achten. Hier sind es Starkwinde und Böen, die vor allem Motorradfahrern gefährlich werden können.

SCHAUEN

Im gesamten **Eikesdal** (GPS 62.463269, 8.200084) werden Besuchern die Augen übergehen. Der Wasserfall **Mardalsfossen** ist nur eine der Naturattraktionen.

Molde mag einem zunächst wie ein langweiliges Verwaltungszentrum vorkommen, aber weit gefehlt. Es ist vor allem kulturell ein lohnenswertes Ziel. Im Freilichtmuseum **Romsdalsmuseet** (GPS 62.739683, 7.150809) wurden Dutzende historische Gebäude aus verschiedenen Epochen aus der Region zusammengetragen und geben ein Bild der jeweiligen Lebensumstände ihrer Zeit wieder. Insgesamt zehn Museen gehören zu diesem Regionalverbund, darunter auch zur Küste und zur Fischerei.

romsdalsmuseet.no

Beim seit 1961 jährlich im Juli stattfindenden Festival **Moldejazz** geben sich die Stars der Szene oft die Klinke in die Hand. **moldejazz.no**

Nordmørsmusea ist eine Stiftung, die ebenfalls mehrere lohnenswerte Ausstellungen im Gebiet dieser Tour betreibt, darunter das **Klippfisk Museum** in Kristiansund (GPS 63.115426, 7.738985).

nordmorsmusea.no/en/

SCHLAFEN

Fast zwei Dutzend historische Hotels betreibt **Classic Norway** in Norwegen. Allein acht davon liegen im Einzugsbereich dieser Tour. Ein ganz besonderes Erlebnis sind sicher Übernachtungen im **Hustadvika Havhotell** (GPS 62.568982, 7.686353) sowie auf der **Insel Håholmen** (GPS 63.029365, 7.396502). **classicnorway.no/en**

Hüttenübernachtungen in beeindruckender Umgebung bietet die **Aursjøhytta** (GPS 62.406162, 8.540238) am Aursjøvegen.

ut.no/hytte/10447

Unweit des Hurtigruten-Anlegers findet sich Kristiansunds Ausgehmeile. Hier gibt es auch die meisten Hotels. Das **Thon Hotel Kristiansund** an der gegenüber auf Innlandet liegenden Fiskergata (GPS 63.107010, 7.735276) verdient wegen der Aussicht, der Zimmer und den kostenlosen Parkplätzen eine besondere Empfehlung.

thonhotels.com/de

SCHLEMMEN

Fisch, Fisch und nochmal Fisch – auf dieser Tour sollten einem Kiemen wachsen. Frischer als an der Küste geht es nicht. Wer lieber bei Hausmannskost bleibt, findet diese im Restaurant Bryggjen i Bud (GPS 62.907072, 6.905231). **bryggjen.no**

Einer der besten Käse der Welt, der Kraftkar (kräftiger Mann), stammt aus einer Molkerei bei **Tingvoll** (GPS 62.971005, 8.248428). Das liegt zwar nicht direkt an der Route, gehört aber zu dieser Region. Und das Produkt ist in vielen Geschäften sowie Restaurants zu finden. Unbedingt probieren!

tingvollost.business.site

Zwischen zwei großen Städten liegt in Norwegen: nichts!

Straße der Einsamkeit

Eine wunderbare Alternative zur viel befahrenen und wenig beliebten E 6 führt von Trondheim durch den waldreichen Osten des Landes nach Oslo. Ein Abstecher in die alte Bergbaustadt Røros ist auch noch drin.

Auf dem Weg nach Røros gerät man auf dem Stuggudalsvegen inmitten unberührter Natur nahe an die schwedische Grenze.

Der Fluss Nidelva durchzieht Trondheim gesäumt von Speicherhäusern und der Brücke „Gamle Bybro".

Trondheim, das ist eine moderne Stadt mit langer Geschichte. Der Ort am Fluss Nidelva wurde der Überlieferung zufolge vor mehr als 1000 Jahren vom Wikingerkönig Olav Tryggvason als Nidaros gegründet. Heute ist es die drittgrößte Stadt Norwegens. Oft ist sie für Norwegen-Besucher Ausgangspunkt einer Schlussetappe, die irgendwie wieder zu einem Fährhafen führt, zum Beispiel nach **Oslo**.

63.430447, 10.395212

59.913330, 10.738970

Wer dazu auf der unbeliebten E 6 bleibt, wird viel Verkehr und wenig Muße empfinden. Nicht gerade das, was man am Ende einer wundervollen Reise erleben möchte. Es bieten sich aber Alternativen an. Eine davon führt durch den wilden, fast gottverlassenen Osten des Landes entlang der Grenze zu Schweden.

Doch zuvor sollte man unbedingt die Gunst der Stunde (oder gleich mindestens eines ganzen Tages) nutzen und **Trondheim** etwas genauer erkunden. Unter Olav II. (995-1030) entwickelte sich die frühe Siedlung zum Zentrum der Christianisierung im Norden und blieb bis ins 13. Jahrhundert die Königsresidenz des Landes.

Trondheims Blütezeit

Als der König 1030 in der Schlacht bei Stiklestad fiel und kurz darauf heiliggesprochen wurde, begann für die Stadt eine Blütezeit: Der Schrein Olavs des Heiligen wurde nach Nidaros überführt, wo 40 Jahre später über seinem Grab ein neuer **Dom** entstand. Von nun an strömten die

63.42693, 10.396915

Pilger in den berühmten Wallfahrtsort. Nidaros wurde die reichste und größte Stadt des Landes.

Heute sind es zwar nicht mehr Pilgermassen, die das berühmte Gotteshaus besuchen. Aber ein Muss ist der Nidarosdom, das Nationalheiligtum Norwegens, noch immer. Begonnen wurde der Bau im 12. Jahrhundert über dem Grab Olavs des Heiligen. Nach mehreren Bränden wurde die Kirche immer wieder restauriert und präsentiert sich heute in bestem Zustand.

Das gilt auch für die **Speicherhäuser**, die sich am Nidelva aufreihen. Der beste Platz, um einen Blick diese berühmte Szenerie zu werfen, ist die alte Fußgängerbrücke **Gamle Bybro**, die man in wenigen Minuten vom markanten Dom aus erreicht. Läuft man nun weiter, so gelangt man in das hübsche Viertel **Bakklandet** mit kleinen Gassen und alten Holzhäusern, in denen auch Cafés und Kunsthandwerksgeschäfte zu finden sind. 63.428019, 10.402864

Studenten wissen zu feiern

Nördlich des Doms befinden sich die Einkaufsstraßen der Stadt mit großzügigen Fußgängerzonen. Im Viertel rund um die **Prinsens Gate** wird man auf der Suche nach einem guten Restaurant oder Pub fündig. Trondheim ist eine Studentenstadt. Und die wissen eben zu feiern. 63.427583, 10.392989 63.42693, 10.396915

Neben dem Dom hat Trondheim noch andere historische Bauwerke in 63.428221, 10.401596

Bakklandet ist ein auch bei Einheimischen angesagter Stadtteil von Trondheim.

Das interaktive Museum Rockheim zeichnet die Geschichte vornehmlich skandinavischer Rockmusik nach.

63.426988, 10.410867 petto, darunter die **Festung Kristiansten**, die nach dem großen Brand
63.438716, 10.401754 1681 errichtet wurde und die Stadt vor anrückenden Feinden beschützen sollte. Lohnend ist auch ein Aus-
63.450955, 10.382522 flug zur Insel **Munkholmen** mit einem ehemaligen Kloster, das 1531 abbrannte. Die Überreste wurden im 17. Jahrhundert zur Festung ausgebaut.

Hier spielt die Musik

63.590681, 10.566924 Rund um den **Trondheimfjord** spielte also schon immer die Musik. Kein Wunder, dass es hier die passenden Ausstellungsorte dazu gibt.
63.447429, 10.454054 Im **musikhistorischen Museum** in Ringve östlich des Stadtzentrums sind in prächtigen Räumen alte
63.411397, 10.795811 Musikinstrumente in einem zu ihrer Zeit passenden Ambiente zu sehen. Und dann gibt es da auch noch **Rockheim**, die jüngste Attraktion Trondheims. Hier hat Rockmusik, vornehmlich skandinavische, eine großartige Heimat gefunden.

Unterteilt nach Dekaden läuft und hört man sich durch die neuere Musikgeschichte, lauscht neben einem Straßenkreuzer Rock 'n' Roll, sitzt in einem Tourbus der 1970er oder blickt auf die elektronischen Spielereien der 1980er und 1990er. Wer selbst losrocken will, setzt sich hinters Schlagzeug oder greift in die Tasten, bekommt sogar virtuellen Gitarrenunterricht. Etliche Stunden lassen sich hier verbringen.

Irgendwann zieht es wieder zurück auf die Straße, mit Ziel Oslo. Über **Hommelvik** wird es zunächst auf das Hochland Selbuskogen gehen. Zwei Nebenarme des Trondheimfjords, der **Strindfjord** sowie der zerklüftete **Stjørdalsfjord**, sind für eine Weile treue Begleiter zur Linken. Zwischendurch werden ein paar hundert Höhenmeter gemacht, dann ist sanftes Ausrollen bis hinab ans Ufer des **Selbusjøen** angesagt, der sich sanft in die Landschaft schmiegt. Drumherum ein Mix aus Wäldern, Feldern und kleinen Dörfern.

63.337592, 11.091206

63.545871, 10.473883

63.445869, 10.803327

Hügel weichen den Bergen

Am Ostende des Sees folgt die Route dem Fluss **Nea** in Richtung seiner Quelle. Langsam aber stetig geht es bergan. Bei **Ås im Tydal** schwenkt die Straße nach Süden ab. Hier wandelt sich die Szenerie. Das grüne und liebliche Hügelland macht ganz allmählich einer rauen Gebirgswelt Platz. Meter für Meter führt die Straße nach oben, vorbei an einem rauschenden Wasserfall folgt sie nun dem schäumenden Fluss **Tya** bis zum Ufer des **Stuggusjøen** inmitten des Fjells. Schneebedeckt sind die Bergspitzen im Sylarna-Massiv, dessen höchster Gipfel, der **Storsylen**, beachtliche 1762 Meter über dem Meer und ziemlich exakt auf der Grenze zu Schweden liegt.

62.953159, 11.801454

62.920502, 11.850733

62.489625, 8.141313

63.020250, 12.198982

Mitten durch diese karge Gebirgswelt führt in weiteren Schwüngen die Fv 705. Auf rund 900 Metern liegt ihr **höchster Punkt**, ein frischer Westwind ist hier nicht selten, bläst dann die hübschen weißen Watte-

63.054187, 11.457496

62.84594, 11.802986

63.044874, 11.657780

Auf dem Weg nach Røros ist der schäumende Fluss Tya ein treuer Begleiter.

Im Weltkulturerbe Røros scheint die Zeit stehengeblieben zu sein. Es lockt ein Trip in die Vergangenheit.

bäuschchen über den blauen Himmel hinüber nach Schweden. Das Nachbarland ist gerade einmal ein paar Kilometer entfernt. Einsamkeit setzt ein. Autos stören nur selten die Ruhe.

62.630633, 11.563184

62.577630, 11.391067

Weltkulturerbe Røros

62.574591, 11.383617

Vor einem halben Jahrhundert noch wäre es in **Røros** mit der Ruhe vorbei gewesen. Die alte Bergbaustadt ist noch immer die größte Siedlung weit und breit. Und ein Besuchermagnet ersten Ranges. Bis Mitte des 17. Jahrhunderts lebten in den hiesigen Wäldern gerade eine Handvoll Menschen. Dann fand jemand, zufällig bei der Jagd, Kupfererz. Schnell wurde die erste Grube gebaut, weitere kamen hinzu. Die Schätze aus dem Untergrund lockten die Menschen an. Gut 100 Jahre nach dem ersten Erzfund lebten hier bereits 2000 Männer, Frauen und Kinder!

Bei einer Grubenführung in der **Olavsgruva**, einer Außenstelle des in der Schmelzhütte untergebrachten **Heimatmuseums**, wächst der Respekt vor den Menschen, die sich damals unter härtesten Bedingungen durch den Berg hieben und sprengten. 333 Jahre lang wurde Metall aus dem Boden geholt, dann war Schluss: Die letzte Grube gab 1977 auf.

62.577077, 11.388234

Geblieben ist die Schönheit der Stadt mit ihren vielen alten Holzhäusern, engen Kopfsteinpflastergassen, der **drittgrößten Kirche** Norwegens, den Schlackehalden am Ortsrand. Røros gehört schon seit vielen Jahren völlig zurecht zum UNESCO-Weltkulturerbe.

Wer hier Station macht, braucht dies aber nicht nur wegen der, zugegeben faszinierenden, Industriekultur von Røros zu tun. Die Umgebung hat reichlich Kleinode zu bieten, die aber nicht ganz einfach zu finden, geschweige zu erreichen sind.

Westlich des Straßenabschnitts zwischen Røros und **Tolga** liegt sich ein ausgedehntes Almengebiet. Es erstreckt sich bis **Vingelen** und damit zu Füßen des **Nationalparks Forollhogna**. Der ist übrigens ein beliebtes Wandergebiet. Wer versucht, die Almen motorisiert zu erreichen, weiß auch schnell warum.

Auf den ersten Metern rollen die Räder noch über Asphalt, dann über Lehm und Schotter. Enduros fühlen sich darauf wohl, für Straßenmaschinen ist es im Trockenen auch noch okay. Dabei fasziniert die Landschaft mit alten Seterhütten (Almhütten), die mit ihren dicken Holzwänden vor der Kälte schützen. Vor allem Schafe und Kühe weideten früher und weiden noch heute hier oben im Gebirge.

62.41003, 10.995846

Hütten-Spezialitäten

62.414498, 10.869856

62.685127, 10.699608

Große Holzschilder weisen den Weg zu den Almhütten, die im Sommer abwechselnd geöffnet sind und lokale Spezialitäten anbieten. **Såttåhaugen**, eine längst verlassene Almsiedlung, ist so ein abgelegenes Ziel. Doch wechselt der Pfad dorthin von einem bestens zu fahrenden Lehmweg zur Holperpiste mit tiefen Löchern, Fels-

62.628882, 10.843108

Massive Holzhütten aus dem 19. Jahrhundert sind im Almgebiet am Nationalpark Forollhogna zu finden.

Norwegischer Spekemat ist ein für die Almen traditionelles Gericht und war früher ein Festtagsessen.

brocken und bei Nässe auch glitschigem Lehm. Kaum ein geeignetes Terrain für die meisten Fahrzeuge. Enduro-Fans hätten hier allerdings ihre helle Freude.

Faszinierende Farben

Auf dem Speiseplan der Almen stehen lokale Delikatessen. Dunkles Brot mit Rentiersalami, Süßes zum Nachtisch. Und das in einer in ihrer Gleichförmigkeit einzigartigen Landschaft mit baumbestandenen, sandigen Hügeln und kleinen Tälern mit Bächen, die ihren Lauf immer wieder verändern. Besonders faszinieren können die Farben, dieses Nebeneinander der verschiedensten Grüntöne von Moosen, Flechten, Kräutern und Bäumen.

62.480061, 11.173517
62.409791, 11.000544

Ein weiteres für diese Almen typisches Festtagsessen ist Spekemat – ein Teller mit Schinken und Salami. Dazu gibt es hausgemachten Frisch- und Kochkäse – und natürlich die landesweit beliebten Waffeln als Dessert.

Viele Seterhütten wurden bereits im 19. Jahrhundert aus dickem Holz gebaut. Die Milch der Kühe wurde getrunken, zu Quark und Käse verarbeitet. Und genau diese „Seter-Kultur“ mit ihren Traditionen und dem über viele Generationen weitergegebenen Wissen will man hier oben am Leben erhalten. Besucher sind daher herzlich willkommen.

Zurück im **Glomma-Tal** geht es nun bei Tolga auf die **Rv 26**. Erneut steht eine Fahrt in und durch die Einsamkeit an. See an See reiht sich hier im Hodalen aneinander, Kiefern wachsen aus einem kargen Sandboden heraus, Berge begrenzen rechts und links das Tal. Kilometer für Kilometer geht es so dahin, Zeit verliert ihre Bedeutung. Erst eine Kreuzung am Südende des **Isteren-Sees** beendet die Melancholie.

Elche und Bären

Als nächstes folgt der **Femund-See**. 60 Kilometer lang ist das Gewässer, das es sich in einem langen Tal im Grenzgebiet zwischen Schweden und Norwegen gemütlich gemacht hat. Der **Femundsmarka Nationalpark** an seinen Ufern ist ein tolles Wandergebiet, in dem sich Elch und Bär „gute Nacht" sagen.

Durch ein lauschiges Tal führt die Fv 26 weiter nach Süden. Wieder einmal geht es an einem lang gestreckten See vorbei, dann weist ein Schild auf einen Wasserfall hin. Über viele
Meter stürzt sich der **Røafall** in 61.616354, 12.052119
die Tiefe, die Gischt benetzt Felsen 61.983495, 11.775036
und Pflanzen am Ufer, wirbelt in den Himmel.

Nur noch wenige Kilometer sind es bis zu einer letzten Übernachtung
in einem beliebten Wintersportort: 62.176324, 11.900088
Trysil. Wer von hier aus eine Fähre 61.316913, 12.251987
im **Hafen von Oslo** zu erreichen 59.908850, 10.709831
hat, wird sich früh aufmachen. Oder es locker angehen lassen und vor der
Heimreise eine rauschende Nacht in 62.323639, 12.129063
Norwegens Hauptstadt verbringen. Gelegenheiten bietet diese dazu in Hülle und Fülle. ◄

Die Lage am gleichnamigen Fjord macht Oslo zu einer der lebenswertesten Städte der Welt.

Trondheimfjord
Hell
Trondheim
Skarvan og Roltdalen
Åre
Mebonden
Tuset
Ås
Storsylen 1762 m
Stugudalen
Glåmos
Brekka
Oppdal
Forollhogna National Park
Røros
Aursunden
Dovrefjell-Sunndalsfjella-Nationalpark
Tolga
Femundsmarka-Nationalpark
SE
NO
Femunden
Drevsjø
Idre
Rondane-Nationalpark
Otta
Nationalpark Fulufjället
Trysil
Valdres Natur- og kulturpark
Nybergsund
Lillehammer
Hamar
Elverum
Mjøsa
Flisa
Skarnes
Kongsvinger
Torsby
Oslo
Sandvika
Lillestrøm
0
25 km

TOURDAUER
ca. 14 Stunden (reine Fahrtzeit)
3 – 4 Tage (mit Besichtigungen)

STRECKENLÄNGE
ca. 680 Kilometer · 0 · 9

ROADBOOK
Trondheim, Hell, Mebonden, Ås, Stugudalen, Røros, Tolga, Drevsjø, Trysil, Nybergsund, Kongsvinger, Oslo.

INFO
Die Provinz **Innlandet** deckt den Osten Norwegens mit vielfältigen touristischen Informationen ab.

en.visitostnorge.no

CHARAKTERISTIK
Statt über die unbeliebte E 6 zu düsen, lässt sich eine Norwegen-Reise mit einem Abstecher in die Einsamkeit Ostnorwegens eindrücklich beschließen. Die Straßen sind auch hier in gutem Zustand, weisen aber noch weniger Verkehr als sonst schon üblich auf. Mehrere Nationalparks verlocken zudem zu längeren Aufenthalten. Flüsse und Seen reihen sich fast entlang der gesamten Route wie Perlen an der Schnur.

SCHAUEN
Das Zentrum von **Trondheim** (GPS 63.427949, 10.399796) begeistert mit architektonischen Highlights, historischem Erbe entlang des Flusses Nidelva und spannenden Kulturstätten. Mindestens einen Tag einplanen.

visittrondheim.no/en/

Rockheim (GPS 63.438716, 10.401754) ist die noch junge Kultstätte mit einem Schwerpunkt auf norwegische und skandinavische Rockmusik und zahlreichen interaktiven Angeboten.

rockheim.no/de

Im UNESCO Welterbe Røros ist das **Rørosmuseet** (GPS 62.577630, 11.391067) die zentrale Anlaufstelle für alles Wissenwerte rund um die Geschichte des Ortes. In der Schmelzhütte ist eine informative Ausstellung untergebracht, die ehemalige Erzmine Olavsgruva ist geführt zu besichtigen.

rorosmuseet.no/en

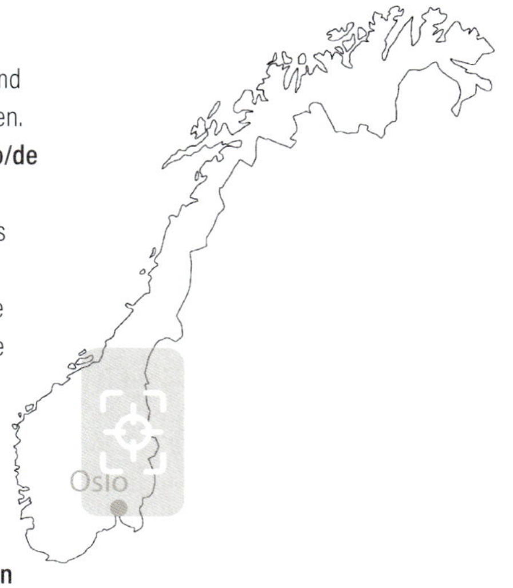

Wer zum Abschluss einer Norwegen-Reise noch einen Tag erübrigen kann, sollte unbedingt **Oslo** (GPS 59.910899, 10.732706) einen Besuch abstatten. Die Hauptstadt des Landes lockt mit vielfältigen Angeboten. Kunstfans kommen nicht um **Munch** (GPS 59.906260, 10.755575) herum, das Museum zu Norwegens größtem Künstler. Auch der Ausgehmeile **Aker Brygge** (GPS 59.910899, 10.732706) sollte noch ein Besuch abgestattet werden. **visitoslo.com/de**

SCHLAFEN
Mit nur 24 Zimmern ist das **Erzscheidergården Hotell** (GPS 62.578336, 11.388973) überschaubar. Die Zimmer sind gemütlich eingerichtet, das gesamte Haus – direkt neben der Kirche gelegen – atmet die Bergbau-Atmosphäre des UNESCO Welterbes Røros.

erzscheidergaarden.no/de

Eine Nummer größer, aber ebenfalls gemütlich, geht es im **Bergstadens Hotel** mitten in Røros (GPS 62.574223, 11.383715) zu. Zusätzlich bietet das Haus mehrere Lokale für jeden Geschmack. **bergstadenshotel.no**

Mit Hausbrauerei und Restaurant deckt das frisch renovierte **Trysil Hotell** (GPS 61.313419, 12.265370) die Bedürfnisse von Reisenden bestens ab. Im Sommer gibt es zudem günstige Packages in diesem Ski-Resort.

trysilhotell.net

Aus dem üppigen Hotelangebot der Hauptstadt sticht das **Thon Hotel Vika Atrium** (GPS 59.910848, 10.723982) heraus. Zentrale Lage, Nähe zur Kiel-Fähre und vor allem das eigene Parkhaus sind klare Pluspunkte. **thonhotels.com/de**

SCHLEMMEN
Eine der Almen mit Sommerbetrieb ist **Sinasvollen** nördlich von Tolga (GPS 62.455168, 10.981128). Bei selbstgemachten Sirup lässt sich dort ein deftiges Spekemat genießen, als Lohn der Anfahrtsmühe.

Wer sich nicht ins einsame Almland von Vingelen begeben möchte, kann dennoch den Geschmack der Region probieren. Die **Eggen Gardsysteri** (GPS 62.402790, 10.855623) verkauft ihren Bio-Käse ab Hof. **eggenost.no**

Eine Tour um den zweitlängsten Fjord des Landes

Klassische Fjordrunde

Südlich von Bergen hat sich der Hardangerfjord 190 Kilometer tief ins Land verbissen, bis an die Westgrenze der Hochebene Hardangervidda. Zusammen mit weiteren Seitenarmen eröffnet das Gebiet eine klassische Fjordrunde.

Selbst dunkle Wolken bilden über dem imposanten Hardangerfjord ein beeindruckendes Schauspiel.

Vom 320 Meter hohen Gipfel des Floyen bietet sich eine prächtige Aussicht auf das Stadtgebiet von Bergen.

60.40772, 5.276012

60.391585, 5.306429

60.397226, 5.322404

Bergen, das Tor zu Westnorwegen, weiß mit dem historischen Hafenviertel und der prächtigen Lage am **Byfjord** zu überzeugen. Norwegens zweitgrößte Stadt ist zudem geprägt von Wasser – und nicht nur dem sie umgebenden. Da Bergen auch der Hafen ist, in dem **Fjordline** die Fahrzeuge der Fähranreisenden ausspuckt, lohnt es sicher, einen Extratag zur Erkundung dieses kompakten Schmuckkästchens einzuplanen. Ob am Anfang oder lieber am Ende einer Rundtour durch Fjordnorwegen muss jeder für sich entscheiden. Zum Abschluss weiß man aber wenigstens, was die Reisekasse noch für Mitbringsel hergibt.

Mit 248 Regentagen und über 2500 Millimetern Niederschlag pro Jahr hält Bergen den Rekord als regenreichste Großstadt Europas. Auch an den übrigen 117 Tagen ist das Klima nicht gerade mediterran – was die Bewohner nicht davon abhält, beim kleinsten Anzeichen von Sonnenschein alles stehen und liegen zu lassen und die Straßencafés zu stürmen. Denn mild ist das Klima allemal, dem Golfstrom sei Dank!

Ziel der Sonnenhungrigen

Das beliebteste Ziel der Sonnenhungrigen ist stets die rund um den Hafen verlaufende **Bryggen** (die Landungsbrücken, früher auch Tyske Bryggen – „deutscher Kai" – genannt). Hier reihen sich zahllose schmucke Holzhäuser aneinander, die nach jedem der vielen verheerenden Stadtbrände, zuletzt 1916, wieder originalgetreu aufgebaut wurden – so perfekt, dass die UNESCO das Herz der Fjordstadt bereits 1979 zum Weltkulturerbe ausrief.

Die prächtigen Gebäude sind meist alte **Kontore der Hanse**, die Bergen ab dem 14. Jahrhundert zu einem ihrer erfolgreichen Handelsstützpunkte machte. Eine vollwertige Hansestadt indes wurde Bergen nie, das verbot die Satzung des reichen Städtebunds.

Wer heute hier durch die Gassen schreitet, findet sich noch immer mit einem Stadtplan aus dem 12. Jahrhundert zurecht – so getreu wurde das Viertel stets rekonstruiert. Um Bryggen herum geht es weniger malerisch zu. Da bestimmen Zweckbauten das Bild der Fjordland-Metropole, die in ihrer Anfangszeit sogar norwegische Krönungsstadt war. Den Verantwortlichen in Bergen war es nach dem letzten Großband zu bunt geworden. Außerhalb von Bryggen durften keine der typischen Holzhäuser mehr errichtet werden.

60.397059, 5.323444

Rege Nightlife-Szene

Knapp 290 000 Einwohner leben und arbeiten heute in Bergen, darunter viele Studenten, die gemeinsam mit anderen Einwohnern und Besuchern für eine rege Nightlife-Szene sorgen. Ein farbenfrohes Bild und spannende Unterhaltung liefert auch der **Fischmarkt** ab, der ebenfalls direkt am Wasser seine Heimat hat. Wie sehr sich in Bergen alles um das kühle

60.394594, 5.324936

Das Hansequartier Bryggen mit seinen Holzfassaden ist Bergens Zentrum.

Eine Wanderung hinter dem rauschenden Wasserfall Steinsdalsfossen wird zu einem feuchten Erlebnis.

60.391825, 5.311257
60.308968, 5.362638
60.392351, 5.319307
60.196717, 5.555951
60.319758, 5.330433
60.189063, 5.487159
60.395905, 5.309425
60.203609, 5.629477
60.232750, 5.652462

Nass dreht verdeutlicht die Tatsache, dass der geschäftige Hafen auch noch Ausgangspunkt der **Hurtigruten** auf ihrem Weg nach Norden ist.

Kulturhauptstadt Europas war Bergen auch schon. Die **Nationale Bühne** ist Norwegens ältestes Theater, Nationalkomponist **Edvard Grieg** wirkte hier, ein Museum dazu liegt südlich der Stadt. Die Museumsszene ist vielfältig, dazu sind bildende Künste mit einer lebendigen Galeristen-Szene vertreten.

Von September bis Mai gibt es regelmäßige Konzerte in einer alten Sardinenfabrik, dem **Bergen Jazz Forum**. Anhänger tanzbarer Töne finden eine vielfältige Clubszene vor. Und nicht zuletzt ist Norwegens zweitgrößte Stadt bekannt für ihre ausgedehnte Festival-Saison.

Es dauert eine Weile, bis man sich zum Auftakt der Tour südwärts aus der Stadt herausgekämpft hat. Statt der gut ausgebauten E 39 ist der **Byvegen 583** eine feine Alternative auf dem Weg ans Ufer des **Fusafjords**. Wer sich eine Übernachtung im teuren Bergen sparen möchte, findet hier auf den Halbinseln überzeugende Alternativ-Hotels, etwa das historische **Solstrand** mit feinem Fjord-Blick.

Von Fjord zu Fjord

Gleich nach dem ersten Fährhüpfer geht es ab **Fusa** kurven- wie aussichtsreich am **Eikelandsfjord** entlang. Vorbei an einer Handvoll der folgenden Binnenseen ist dann schon bald das eigentliche

Thema dieser Rundtour erreicht: der **Hardangerfjord**. An Norwegens zweitlängstem und auch zweittiefstem Fjord ist der Uferstreifen zunächst breiter. Dazu nimmt dichter Baumbewuchs die Sicht auf das große Gewässer, das sich später auch noch in einige Seitenarme ausbreitet.

Wandern hinter Wasser

Nach einigen Kilometern bessert sich die Lage, der Baumbestand lichtet sich, der Blick kann weit über den mächtigen Fjord schweifen. Die nächste Fähre muss noch etwas warten. Stattdessen bietet sich bei **Tørvikbygd** die Weiterfahrt zum **Steinsdalsfossen** an. Der Wasserfall zählt zwar nicht zu Norwegens größten, kann dafür aber hinterwandert werden. An warmen Tagen bringt das die ersehnte Erfrischung, bei schlechtem Wetter ist es auch egal, man ist ja schon feucht.

Der knapp 30 Kilometer lange Umweg lohnt also. Zurück in Tørvikbygd wird die Fähre nach **Jondal** geentert. Dort angekommen, steht schon der nächste Stich an, den es unbedingt zu nehmen gilt, endet er doch erst 1200 Meter höher am **Folgefonna-Gletscher**. Vom Fjordufer sind es nur 20 Minuten bis an die Kante des Gletschers, dessen Ausdehnung durch den **Folgefonna Nationalpark** geschützt wird. Aber diese 20 Minuten sind eine atemberaubende Zeitraffer-Reise durch die Klimazonen. ►

60.274953, 6.206603
60.275672, 6.251619
60.226721, 6.433868
60.044529, 6.475048
60.301580, 6.169052
60.370777, 6.102917

Eine Fahrt vom Hardangerfjord zum Folgefonna-Gletscher führt im Zeitraffer durch die Klimazonen.

Vom Gipfel des Samlen genießt man einen spektakulären Überblick über weite Teile des Hardangerfjords.

Hinter Jondal tanzen Schmetterlinge über blühenden Wiesen. Dann folgt Wald, der immer lichter wird und schließlich in eine buckelige Felslandschaft ausfranst, die wenig später bereits von jungfräulichen Schneeflächen bedeckt wird. Reißende Bäche fangen das Schmelzwasser meterhoher Schneewände und stürzen gurgelnd talwärts. Und schließlich setzt man in **Fonna** einen Fuß aufs leider nicht mehr so ewige Eis des drittgrößten Gletschers in Norwegen.

60.359745, 6.380139

60.226669, 6.433871

60.426106, 6.618635

60.423682, 6.622009

Absoluter Leckerbissen

Die Straße nach **Utne** entpuppt sich als absoluter Leckerbissen. Gute 40 Kilometer zieht sie sich an der Küste entlang – mal direkt am Wasser, dann wieder in luftiger Höhe über steilen Felsabbrüchen, aber stets in einem swingenden Rhythmus.

Auf etwa halbem Weg ragt ein Zipfel Land in den Fjord, auf dem sich der Gipfel des **Samlen** 686 Meter hoch über das Gewässer erhebt. Hier ist ein Griff zu den Wanderschuhen zu empfehlen und sich auf den rund fünf Kilometer langen Aufstieg zu machen. Der Blick von dort oben ist jedenfalls spektakulär.

Leichter ist es, in die Historie der Region einzutauchen. In Utne bietet das **Hardanger Folkemuseum** Einblick in die Besiedlungsgeschichte rund um Hardangerfjord. Besonders die lokalen Trachten und ihre Entstehung stehen in diesem feinen Heimatmuseum im Fokus.

Im Anschluss ist mal wieder eine Fähre zu nehmen, dieses Mal nach

Kinsarvik. Man könnte auch am Westufer des nun folgenden Fjordarms verbleiben, würde dann aber zahlreiche Attraktionen verpassen. Eine davon ist das **Husedalen**, das auch als Tal der Wasserfälle bekannt ist. Wer sich die Zeit für einen Tagesausflug nimmt, kann zu vier ganz unterschiedlichen, aber prächtigen Fällen wandern.

Wasserfall-Wanderungen

Am Ostufer entlang geht es weiter nach **Lofthus**. Hier hat Nationalkomponist Edvard Grieg häufig residiert, um ungestört komponieren zu können. Nur wenig später bietet sich in **Ullensvang** erneut eine längere Wanderung an, die es in den Reiseplan einzupflegen gilt. Über zwei Wanderwege, darunter die Mönchsstufen, sind erneut zwei Wasserfälle zu erreichen: der **Rjukandefoss** sowie der mächtige, zweistufige **Skrikjofossen**. Der ist sogar von der Straße aus gut sichtbar.

Die Fahrt über das Ostufer ist eindrucksvoll. Links erheben sich teils steile Felswände, die letzten Ausläufer der Hochebene **Hardangervidda**. Hinter dem Gewässer ragt das Gebirge in die Höhe, das der Folgefonna-Gletscher toppt. Als ein gutes Etappenziel bietet sich der Ort **Tyssedal** an. Hier ist in den Gebäuden eines ehemaligen Wasserkraftwerks das **Kraftmuseet** untergebracht. Um Wasserkraft geht es denn auch im Museum. ►

60.375517, 6.719193
60.318257, 6.704185
60.363364, 6.743381
60.305519, 6.690698
60.152631, 7.054586
60.328917, 6.657111
60.119161, 6.557931
60.119118, 6.556384
60.320005, 6.654858

Das Kraftmuseet ist standesgemäß im ehemaligen Wasserkraftwerk von Tyssedal untergebracht.

Diesen Felsvorsprung namens Trollzunge erreicht man nur auf einer herausfordernden Tageswanderung.

Tyssedal hat aber noch eine weitere Attraktion zu bieten. Für die muss allerdings erneut ein ganzer Reisetag geopfert werden, möchte man sie
60.133206, 6.754754 erreichen. Die Rede ist von **Trolltunga**, der Trollzunge. So heißt eine der spektakulärsten Felsformationen des Landes – auf 1180 Metern!

Tour mit Bergführer

60.068981, 6.545732
59.935697, 6.588968 Schon die Anfahrt zum Ausgangspunkt der mehrstündigen Wan-
59.947895, 6.584760 derung ist ein Erlebnis. Zunächst einmal geht es hinauf zum Bergsee
60.132842, 6.626765 **Vetlavatnet**. Hier zweigt dann ein mit 17 Kehren gespicktes Steil-
60.140410, 6.632400 stück zum Parkplatz **Mågelitopp** ab. Und dann sind es immer noch 20 Kilometer hin und zurück, die zu dem weit aus der Wand ragenden Zungenfelsen zu wandern sind. Es bietet sich an, diese Tour mit einem Bergführer zu machen. Spannend ist ein solcher Trip sicher auch mit Übernachtung am Weg – aber nur mit entsprechender Ausrüstung.

Von Tyssedal ist es nun noch ein voller Tagestrip zurück nach Bergen oder zumindest in den Großraum der Fjordhauptstadt. Der Rv 13 führt gut ausgebaut über **Odda** am Südende des Hardangerarms nach **Skare**. Kurz zuvor passiert die Strecke den doppelarmigen Wasserfall **Låtefossen**. Der bietet hier ein feuchtes, eindrucksvolles Schauspiel, wie er auf 165 Metern den Hang hinunter und unter der Straße hindurch rauscht. Er bildet auch das Ende der nationalen Landschaftsroute Hardanger, der diese Tour ab Jondal folgte.

Der nächste Abschnitt verläuft weitgehend auf der E 134 bis zum **Åkrafjord**. Die beiden Tunnel der Strecke lassen sich jedoch malerisch über die alten Routen umgehen. Besonders der **Rullestadvegen** ist mit seinen zwei Serpentinen und steilem Gefälle den Umweg wert. Und der **Gamle Åkrafjordvegen**, die alte Åkrafjordstraße, bietet genau die Aussichten, für die man Fjordnorwegen schließlich bereist.

Von Gletschern bedeckt

In **Skånevik** ist es mal wieder an der Zeit, eine Fähre zu nehmen. Diese setzt nach **Utåker** über. Die Fv 48 verläuft immer schön an der Küste entlang. Dabei umrundet sie ein teilweise noch von Gletschern bedecktes und motorisiert völlig unzugängliches Hochplateau. Die nächste Fähre legt in **Årsnes** ab und setzt über nach **Gjermundshamn**. Ein Stündchen später wird einen die letzte Überfahrt dann von Våge ins südliche Umland Bergens bringen.

Wer nach viel Natur mal wieder kulturellen Input sucht, kann einen Stopp am **Lysekloster** einlegen. Es sind die Ruinen des ersten, 1146 gegründeten Zisterzienserklosters in Norwegen. Diese Tour, die musikalisch mit Edvard Grieg begonnen hat, kann hier zudem mit einer kurzen Bootstour nach **Lysøen**, dem Museum im Haus des Violinisten und Komponisten Ole Bull, enden. Das klingt doch gut, oder? ◄

59.805095, 6.188270
60.052931, 6.020679
60.062037, 5.920258
59.896316, 6.478900
60.046644, 5.524235
59.783576, 6.148846
60.227161, 5.405102
59.733323, 5.932789
60.211042, 5.369080
59.783285, 5.904293

Die zwei Arme des Wasserfalls Låtefossen donnern nach 165 Metern unter der Straße hindurch.

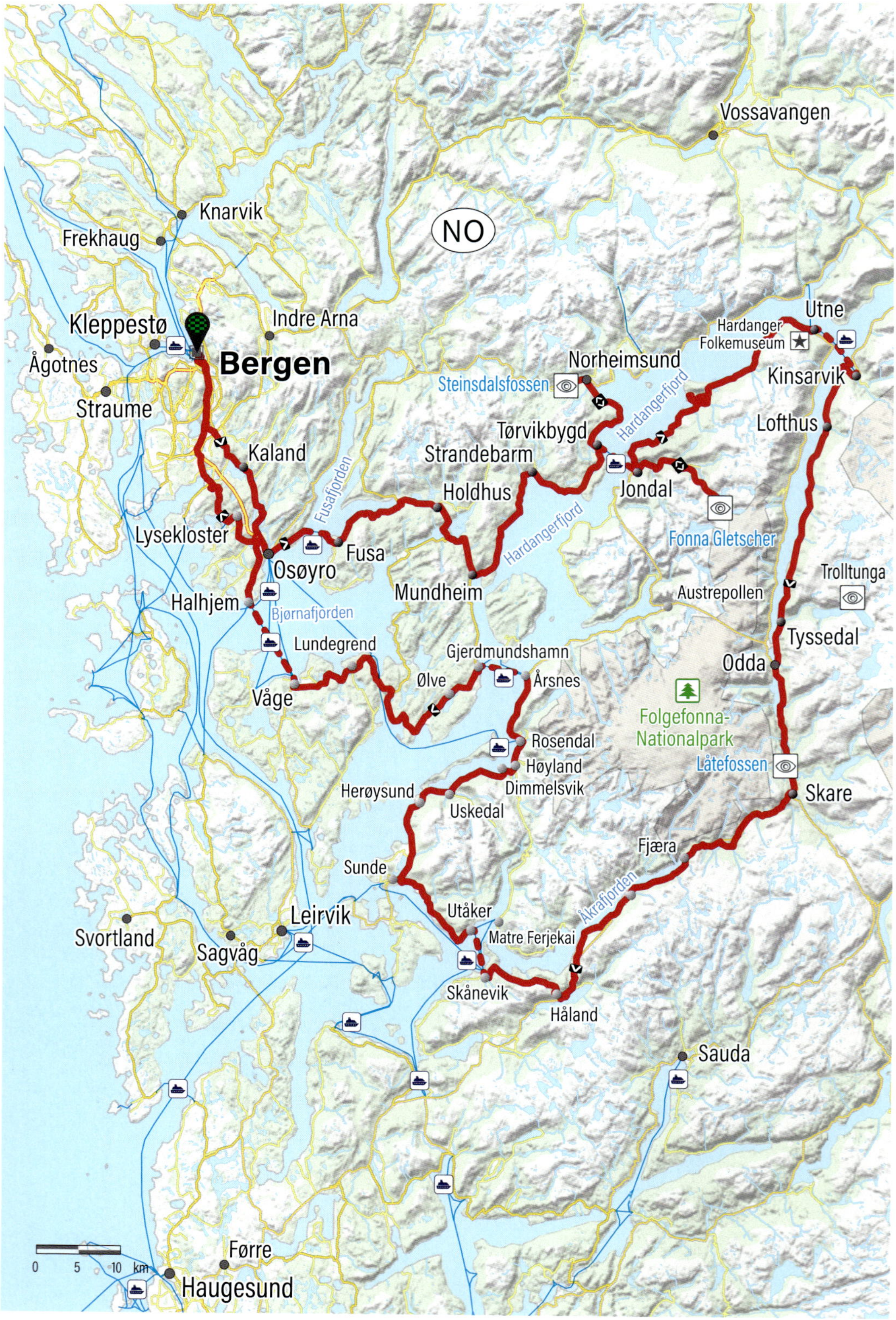
Vossavangen
NO
Knarvik
Frekhaug
Kleppestø
Indre Arna
Ågotnes
Bergen
Straume
Kaland
Lysekloster
Osøyro
Fusa
Fusafjorden
Halhjem
Bjørnafjorden
Lundegrend
Våge
Holdhus
Mundheim
Strandebarm
Tørvikbygd
Norheimsund
Steinsdalsfossen
Hardangerfjord
Jondal
Fonna Gletscher
Hardanger Folkemuseum
Utne
Kinsarvik
Lofthus
Trolltunga
Austrepollen
Tyssedal
Odda
Gjerdmundshamn
Ølve
Årsnes
Rosendal
Høyland
Dimmelsvik
Uskedal
Herøysund
Folgefonna-Nationalpark
Låtefossen
Skare
Fjæra
Åkrafjorden
Sunde
Utåker
Matre Ferjekai
Skånevik
Håland
Leirvik
Svortland
Sagvåg
Sauda
Førre
Haugesund
0 5 10 km

TOURDAUER

ca. 14 Stunden (reine Fahrtzeit)
3 – 4 Tage (mit Besichtigungen)

STRECKENLÄNGE

ca. 490 Kilometer • 6 • 38

ROADBOOK

Bergen, Osøyro, Mundheim, Hardangerfjord, Steinsdalsfossen, Jondal, Fonna Gletscher, Utne, Kinsarvik, Tyssedal, Odda, Skare, Skånevik, Herøysund, Årsnes, Våge, Halhjem, Søvik, Bergen.

INFO

Die Route verläuft durch die frühere Provinz **Hordaland**, die nun Teil der neuen Provinz Vestland ist und touristisch zu Fjordnorwegen gehört.
fjordnorway.com/de

CHARAKTERISTIK

Mit zahlreichen Fährhüpfern und ein bis zwei Abstechern wird aus dieser recht kurzen Tour doch schnell ein Drei-Tage-Trip. Die Strecke verläuft weitgehend am **Hardangerfjord** (GPS 60.274953, 6.206603), dem zweitlängsten des Landes, entlang und stellt fahrerisch keine große Herausforderung dar. Die Abstecher zum **Folgefonna-Gletscher** (GPS 60.044529, 6.475048) und zur **Trolltunga** (GPS 60.133960, 6.757604) führen aber auf schmale Hochgebirgsstrecken, auf denen Bergerfahrung angebracht ist.

SCHAUEN

Rund um den Hafen von **Bergen** (GPS 60.394552, 5.324568) liegen zahlreiche Attraktionen wie das Hansequartier Bryggen, die Festung Bergenhus, der Fischmarkt, einige Museen sowie die Standseilbahn Fløibanen, die auf den Gipfel des Fløyen führt.
de.visitbergen.com

Das Sommerskigebiet **Fonna** (GPS 60.226721, 6.433868) mag ein ungewöhnliches Ziel sein, aber die 19 Kilometer lange Fahrt über die mautpflichtige Stichstraße hinauf auf 1200 Meter ist wie eine Reise durch verschiedene Klimazonen. **en.visitfonna.no**

Mit der bunten wie faszinierenden Geschichte traditioneller Trachten und Gewänder befasst sich das **Hardanger Folkemuseum** in Utne (GPS 60.426106, 6.618635). Es ist Teil einer Vereinigung von Heimatmuseen rund um den großen Fjord.
hardangerfolkemuseum.no/en

Das **Kraftmuseet** in Tyssedal (GPS 62.577630, 11.391067) ist das norwegische Museum für Wasserkraft und Industriekultur. In einem ehemaligen Wasserkraftwerk vermittelt es, wie die Nutzbarmachung dieser Energie das Leben in Norwegen zu Anfang des 20. Jahrhunderts verändert hat.
kraftmuseet.no/de

SCHLAFEN

In Bergen bietet das familiär geführte **Augustin Hotel** (GPS 60.396136, 5.317790) am Hafen eine gelungene Mischung aus Tradition und Moderne. Parkplätze sind wenige vorhanden, sollten daher vorab reserviert werden. Die wichtigsten Sehenswürdigkeiten lassen sich von hier aus zu Fuß entdecken. **augustin.no/de**

Familiär geht es auch im **Tyssedal Hotel** (GPS 60.116385, 6.556553) zu.

Das Haus bietet sich aus vielerlei Gründen als Etappenziel dieser Rundtour an. Nicht zuletzt, weil es vollgepackt ist mit Bildern norwegischer Künstler, die diesem ungewöhnlichen Boutique-Hotel eine museale Note verleihen. **tyssedalhotel.no/en**

Fans des norwegischen Komponisten Edvard Grieg können auch in Lofthus Zwischenstation machen. Hier soll Grieg, obwohl in Bergen ansässig, Teile seines Werks komponiert haben. Das **Hotel Ullensvang** (GPS 60.328640, 6.657090) bietet entsprechende Kombi-Packages zusammen mit dem Hotel **Opus 16** in Bergen (GPS 60.393596, 5.327162) an.
hotelullensvang.no/en

SCHLEMMEN

Wer in Fjordnorwegen unterwegs ist, muss unbedingt einmal die Vielfalt an Fisch und Meeresfrüchten probieren, die hier viele Speisekarten bestimmt. Eine gute Adresse ist das **Fjellskål Restaurant** (GPS 62.455168, 10.981128) am Hafen von Bergen. Es gibt neben der À-la-carte-Option auch feste Menüs zu moderateren Preisen. **fjellskaal.no**

Abseits der Hauptrouten sind funktionsfähige Zapfsäulen rar.

Auf Abwegen durch den Norden des Fjordlands

Auf alten Pfaden

Das norwegische Straßennetz ist im Westen des Landes gut ausgebaut. Wem das zu fad ist, der darf sich über die weiterhin gepflegten alten Straßen als verkehrsarme Alternative freuen – ein perfektes Mittel gegen Langeweile.

Die 1065 Meter lange Osterøybrücke verbindet die gleichnamige Insel über den Sørfjord mit dem Festland.

60.446823, 5.470198
60.419677, 5.310710
60.435956, 5.511085
60.426096, 5.535953
60.570878, 5.501497
60.475859, 5.354103
60.407932, 5.475330
60.429293, 5.468590
60.427658, 5.623394
60.447949, 5.464668
60.589953, 5.821124

Ob nach Norden oder Osten, Bergen ist wahrlich nicht so leicht hinter sich zu bringen. Die **E 39**, der auf dieser Tour noch so manches Mal begegnet wird, ist das moderne Ausfalltor aus dem Ballungsraum der Fjordhauptstadt. Und sie ist – zumindest zunächst – alternativlos. Das ändert sich erst, nachdem man ein paar Kilometer auf der **E 16** hinter sich gebracht hat und diese dann bei **Indre Arna** gegen den **Fv 276** eintauscht.

Kleine Museumsbahn

Gleich im nächsten Ort, **Garnes**, lohnt ein erster Stopp für Freunde historischer Technik. Der Norsk Jernbaneklubb betreibt hier schon seit 1993 in den Sommermonaten mit der **Gamle Vossebanen** immer sonntags eine Museumsbahn sowie ein kleines Museum zum Thema. Die Route verläuft also teilweise parallel zur Bahntrasse.

Im weiteren Verlauf ist es das Ufer des **Sørfjords**, das die Streckenführung vorgibt. Dabei geht es vorbei an der mächtigen **Osterøybrücke**, die den Fjord zur Insel **Osterøy** überspannt. Sie ist die größte nicht im offenen Meer liegende Insel des Landes, mit immerhin 330 Quadratkilometern Fläche.

Die Route bleibt aber am Südufer des Fjords und setzt sich ab **Trengereid** auf der E 16 fort. Den gleichnamigen Tunnel kann man hier noch umgehen. Fortan werden diese Bauwerke aber zu ständigen Begleitern, zumindest bis **Dale**.

Der Ort ist bekannt als Stammsitz des Strickwarenproduzenten **Dale of Norway**, dessen sündhaft teure Norwegerpullis weltweit beliebt sind. Wer meint, hier ein Schnäppchen machen zu können, irrt jedoch. Die Preise im Fabrikverkauf würden noch immer ein ziemliches Loch in die Reisekasse reißen. Aber auch das Museum ist eine Stippvisite wert.

An den Fels geschmiegt

Immerhin lässt sich kurze Zeit später die Hauptstraße erneut gegen eine wunderbare Nebenstrecke, die **Fv 569**, eintauschen. Diese weitgehend nur einspurige Straße schmiegt sich an die Felsen, die steil am Ufer des **Vikafjords** ansteigen. Tunnel gibt es auch hier, aber nur kurze, teils unbeleuchtete, die von Hand in den Fels getrieben wurden.

Wo der Fjord etwas mehr Platz gelassen hat, stehen versprengt ein paar Häuser. Und dann zeigen erste feuchte Stellen auf dem Asphalt das nächste Wasserschauspiel an: den 90 Meter hohen **Hesjedalsfossen** einen Doppelfall, der gleich neben der Straße auszumachen – und schon gar nicht zu überhören – ist.

Obwohl doppelt so hoch, ist der **Stigfossen**, der neun Kilometer weiter bei Eidslandet 195 Meter Fallhöhe aufweist, nicht so gut sichtbar. Er versteckt sich in einem bewaldeten Gebiet und will erwandert werden. Die ganze Pracht dieser Gegend wird an einem Aussichtspunkt namens

60.58797, 5.818677

60.698191, 5.764626

60.734277, 5.831480

60.612505, 5.832868

60.658032, 5.779588

Der 90 Meter hohe Doppelwasserfall Hesjedalsfossen stürzt an der Fv 569 fast direkt auf die Straße.

Die aus dem 19. Jahrhundert stammende Stabkirche Sankt Olav in Balestrand thront über dem Sognefjord.

60.740566, 5.803602
60.876507, 5.584890

Trollzeh bewusst. Der Blick über einen rauschenden Fluss hin zum von Felswänden umschlossenen Fjord lässt einem das Herz aufgehen. Noch schöner, aber mit einer zweistündigen Wanderung versehen, ist der Felsblock **Slottet**. Das Panorama aus 200 Metern Höhe über dem Gewässer ist allerdings grandios.

60.794825, 5.756344

Eine Frage der Zeit

Nach gut 50 Kilometern reiner Fahrfreude mit reichlich Aussichten mündet die Fv 569 dann in die E 39 ein. Auf der könnte man nun auf direktem Weg an den **Sognefjord** gelangen. Oder man entschließt sich, diesem Routenvorschlag zu folgen und zweigt in **Matre** auf die Fv 381 ab. Alles eine Frage der Zeit – und wie viel davon man eventuell im kleinen **Bjørn West Museum** verbringt, um Wissenswertes über den norwegischen Widerstand im Zweiten Weltkrieg zu lernen.

60.909326, 5.629548

60.999533, 5.751524

61.064039, 5.471022
61.068317, 5.802507

60.876564, 5.586293

Die erneut nur einspurige Straße hingegen will hoch hinaus. Dazu sind ein halbes Dutzend Serpentinen notwendig, auf die man oben am **Aussichtspunkt** angekommen einen Blick zurückwerfen sollte. Die Strecke schraubt sich entlang diverser Bergseen weiter in die Höhe und erreicht am **Fridalsvatnet** mit 720 Metern ihren Höhepunkt. Steil geht es hernach bergab, bald schon sind die ersten Nebenarme des Sognefjords erreicht. Als **Fv 8** führt die Strecke dann am Südufer entlang in Richtung der einzigen Fähre auf dieser Tour.

Von Ytre Oppedal setzt diese auf dem Sognefjord nach Lavik über. Aber hier wird das Nordufer dieses großartigen Gewässers in östlicher Richtung der dauerhafte Begleiter. Als längster und tiefster Fjord Europas verästelt sich der Sognefjord auf rund 205 Kilometern zwischen der Atlantikküste und Gebirgszügen wie Breheimen. Am weitesten vom offenen Meer entfernt liegt dabei Skjolden, zu Füßen des Sognefjells.

Norwegens Obstgarten

Über 1300 Meter misst das Gewässer an der tiefsten Stelle, während in der Mündung eine unter Wasser liegende Felsenschwelle nur das vom Golfstrom erwärmte Oberflächenwasser einfließen lässt. Das hat Auswirkungen aufs Klima rund um den Fjord, weshalb sich hier, inmitten dieser alpinen Umgebung, so etwas wie Norwegens Obstgarten etabliert hat.

In Vadheim darf dann auch die E 39 verlassen werden, um fortan der Fv 55 am Fjord entlang zu cruisen. Das Ufer zeigt sich mancherorts von einer sehr felsigen, ausgewaschenen Seite, wie man das sonst nur an Meeresküsten mit starken Strömungen kennt. Bei der Einfahrt nach Balestrand fällt das ungewöhnliche Exemplar einer Stabkirche ins Auge, das unbedingt eine Besichtigung lohnt. Außerdem ist der Ort mit seiner Infrastruktur als Stopover auf dieser Tour geeignet. ►

GPS 61.056671, 5.512042
GPS 61.103562, 5.513104
GPS 61.209082, 5.825234
GPS 61.205684, 5.834625
GPS 61.809438, 7.709909
GPS 61.49067, 7.600887
GPS 61.558659, 7.955074
GPS 61.209619, 6.536083
GPS 61.20747, 6.534441

Waffeln mit frischen Beeren sowie Brunost, einem Braunkäse, sind Norwegens traditioneller Pausensnack.

Ein geradezu alpiner Streckenverlauf führt zu einem spektakulären Aussichtspunkt am Gaularfjellet.

Balestrand ist aber auch Ausgangspunkt einer wunderschönen Landschaftsroute, die auf den nächsten 80 Kilometern durch schmucke Täler und über bewaldete Gebirgshänge schließlich auf eine Hochebene führt. Beiderseits der Strecke erheben sich in Folge schroffe Gipfel auf bis rund 1400 Meter Höhe.

61.328543, 6.272362

Traumhafte Serpentinen

61.351327, 6.518503
61.327255, 6.273060
61.276438, 6.500825
61.302015, 6.555529
61.329859, 6.562733

61.337423, 6.430968
61.351457, 6.518174

Gaularfjellet heißt das Gebiet wie auch die Landschaftsroute. Kurze Zeit, nachdem sich hinter **Svaeren** die **Fv 613** vom Sognefjord abwendet und ins **Vetlefjordtal** einbiegt, geht es in traumhaften Serpentinen ins Gebirge hinauf. Ein monumental angelegter **Aussichtspunkt** ermöglicht den Blick zurück in Freude über das Fahrvergnügen auf diesem Abschnitt. Die Anlage gehört zu den von der staatlichen Straßenbaubehörde entlang ihrer Landschaftsrouten angelegten Attraktionen, die eine Befahrung dieser Strecken kurzweilig und informativ machen.

Wanderer finden am Gaularfjellet ein paradiesisches Fleckchen vor. Der mächtige **Likholefossen** wird von einer Stahlbrücke überspannt, die in einen 21 Kilometer langen Wanderweg mündet. Der **Fossestien** (Wasserfallweg) entlang des Flusses Gaulaelva führt an insgesamt 14 Wasserfällen und sieben weiteren Gewässern vorbei.

Die **Gaularfjellet Landschaftsroute** bleibt bis zur Einmündung in die E 39 ein echtes Schmankerl, das immer wieder zu minimalen Geschwindigkeitsübertritten verleitet. Solchen Verlockungen gilt es zu widerstehen, die Strafen in Norwegen sind saftig. Beispiel gefällig? Wer außerorts mit 20 km/h über dem Limit erwischt wird, darf schon 800 Euro in die Staatskasse zahlen. Darüber droht auch schon mal die Beschlagnahme des Fahrzeugs.

Straßenrand-Snack

Es wäre aber auch unsinnig, angesichts der grandiosen Natur dem Geschwindigkeitsrausch zu frönen. Die Bilder und Eindrücke, die sich beim Cruisen durch Norwegen im Gedächtnis einbrennen, sind einfach unbezahlbar. Davon kann man sich auch an Kehre Drei über dem Bergsee **Haukedalsvatnet** ein Bild machen, während man im **Fjellstova** an der Auffahrt zum Rørvikfjellet den traditionellen Straßenrand-Snack genießt: Waffeln mit frischen Früchten – oder mit Brunost, dem braunen Käse, der nur in Norwegen wirklich schmeckt.

Die Straße hat sich hier noch einmal auf über 500 Meter Höhe emporgeschwungen, bevor sie bei **Holsen** auf den malerischen See **Holsavatnet** trifft. Der bleibt in seinem Tal fast bis zum Ende der Landschaftsroute in **Moskog** ein treuer Begleiter.

Einem kurzen Abschnitt auf der E 39 folgt ab **Vassenden** eine beeindruckende Fahrt am Südufer des **Jølstravatnet** entlang. Auf

61.392716, 6.252485
61.402107, 6.226578
61.418469, 6.156941
61.425182, 6.065751
61.442552, 6.001196
61.492885, 6.112829
61.531516, 6.342169

Der mächtige Wasserfall Likholefossen wird am Gaularfjellet von einer Stahlbrücke überspannt.

Vom Damm am Køsnesfjord, einem Nebenarm des Sees Jølstravatnet, eröffnet sich dieses Panorama.

61.872088, 6.846646
61.904332, 6.723637
61.276438, 6.500825
61.923214, 7.051840
61.551318, 6.459927
61.914910, 7.113383

etwa halber Strecke lohnt ein sich Zwischenstopp in dem ehemaligen Wohnhaus des norwegischen Malers **Nikolai Astrup**, der dieser Region mit seinen Landschaftsbildern ein künstlerisches Denkmal setzte. Der Brückenschlag über den **Køsnesfjord**, einen Nebenarm des Sees, ist halb Damm, halb Brücke und bietet traumhafte Aussichten auf ein wirklich dramatisches Landschaftsbild.

Namenloser Pass

61.618092, 6.529628
61.914720, 7.113154
61.733013, 6.505321
61.836190, 6.554900
61.766972, 6.504433

Wo die E 39 mit dem Fluss **Stardalselva** nach Westen abdriftet, folgt diese Route ab **Byrkjelo** nunmehr der Fv 60 zum **Innvikfjord**. Dabei stellt sich das **Utvikfjell** in den Weg und wird auf 642 Metern auf einem namenlosen Pass überwunden.

Am Südufer des Fjords ist bald **Loen** und kurze Zeit später mit **Stryn** das Fjordende erreicht. Hier biegt die Route nun auf den Rv 15 ein, der zum nächsten Gewässwer, dem See **Oppstrynsvatnet**, führt. Dann gilt es, rechtzeitig den Anker zu werfen und links auf die alte Straße nach **Hjelle** einzubiegen.

Der Ort, durch den noch jungen Hjelletunnel vom Durchgangsverkehr abgeschnitten, säumt malerisch verträumt das Ufer des Sees. Nur eine Handvoll Häuser säumen den Weg, wobei besonders das hübsche Gebäudeensemble des **Hjelle Hotels** Aufmerksamkeit erregt. Mit komfortabel eingerichteten Zimmern, einer sehr guten Küche und dieser Lage ist die Herberge eine echte Perle mitten im Fjordland.

Eine Stärkung bietet sich hier an, denn für die restlichen 85 Kilometer können mehr als vier Stunden Zeit draufgehen. Zunächst locken Serpentinen in immer enger schließenden Kehren zum **Strynefjell** hinauf. Der direkte Weg nach **Geiranger**, dem Tagesziel, ist das nicht. Denn während die Hauptstraße in drei gigantischen Tunneln verschwindet, um ganzjährig befahrbar zu sein, ist der **Gamle Strynefjellsvegen** nicht nur eine historische, sondern auch die ungleich schönere Alternative.

Schotter und Wintersperre

Allerdings währt die Saison außerhalb der Wintersperre je nach Wetterlage nur kurz, meist zwischen Mitte Juni und Mitte September. Der schmale Fahrweg ist bis zur **Provinzgrenze** von Vestland zu Innlandet asphaltiert, ab hier auf der Ostrampe bis **Grotli** aber eine gut befestigte Naturstraße.

Doch gerade dieser knapp 17 Kilometer lange Abschnitt ist spektakulär. Das Fjell kratzt mit seinen Gipfeln an der 2000-Meter-Marke und bildet eine einsame Hochgebirgslandschaft.

Von Grotli nach Geiranger sind es noch 37 Kilometer. Aber die bereits in Tour 2 beschriebenen Aussichtspunkte sowie die Auffahrt zum **Dalsnibba** verschlingen noch Zeit, bevor man ein verdientes Stiefelbier auf der Terrasse des **Hotell Utsikten** genießen kann. ◀

61.964725, 7.395997
62.013662, 7.630391
61.956070, 7.362983
62.100629, 7.206242
61.955102, 7.342874
62.048663, 7.269780
62.092587, 7.223942

Der Gamle Strynefjellsvegen führt teilweise als Naturstraße durch eine bezaubernde Hochgebirgslandschaft.

NORWEGEN • BERGEN – GEIRANGER

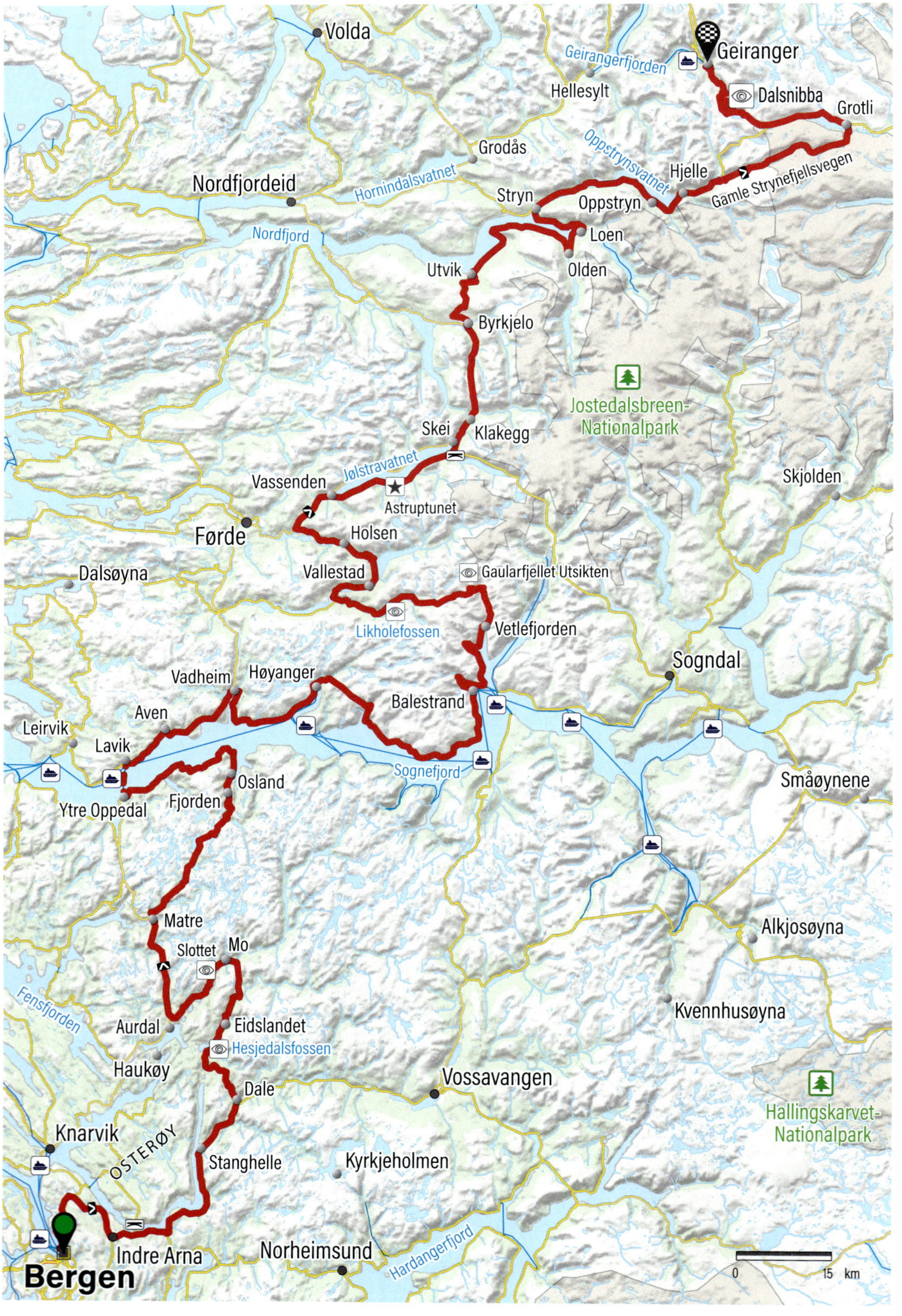

TOURDAUER

ca. 14 Stunden (reine Fahrtzeit)
2 – 3 Tage (mit Besichtigungen)

STRECKENLÄNGE

ca. 610 Kilometer • 1 • 69

ROADBOOK

Bergen, Dale, Eidslandet, Mo, Matre, Fjorden, Ytre Oppedal, Lavik, Høyanger, Balestrand, Gaularfjellet, Vassenden, Skei, Utvik, Loen, Stryn, Hjelle, Gamle Strynefjellsvegen, Geiranger.

INFO

Die Route verläuft durch die Provinz **Vestland**, die touristisch zu Fjordnorwegen gehört. **fjordnorway.com/de**

CHARAKTERISTIK

Nur eine Fähre, aber dafür gleich zwei der schönsten Landschaftsrouten Norwegens – Gaularfjellet sowie Gamle Strynefjellsvegen – bestimmen diese Route. Die Strecke verläuft zu einem guten Teil am **Sognefjord** (GPS 60.274953, 6.206603), dem längsten des Landes, entlang und erreicht auf den letzten 70 Kilometern Höhenlagen deutlich über 1000 Meter. Die Route über das Strynefjell ist zudem in weiten Teilen eine Naturstraße, aber gut befahrbar.

SCHAUEN

Technikfans werden die seit 1993 betriebene Museumsbahn **Gamle Vossebanen** (GPS 60.446823, 5.470198) gerne aufsuchen. Im Sommer heizen die Betreiber, ein privater Verein, immer sonntags die Lokomotive an.
njk.no/gamle-vossebanen

Die Strickwaren von **Dale of Norway** (GPS 60.58797, 5.818677) sind weltbekannt – und sündhaft teuer. Allerdings sollte man sich die Möglichkeit nicht entgehen lassen, die Produktionsstätte sowie das Museum auf einer geführten Tour zu besuchen.
eu.daleofnorway.com

Die **Sankt-Olav-Kirche** (GPS 61.20747, 6.534441) in Balestrand ist eine moderne Interpretation der norwegischen Stabkirchen. Sie wurde aber erst Ende des 19. Jahrhunderts errichtet – zu Ehren der britischen Bergsteigerin Margaret Sophia Green von ihrem Ehemann, dem Hotelier Knut Kvikne. Als anglikanische Kirche ist sie zudem Teil der Church of England. **visitbalestrand.com/de**

Astruptunet (GPS 61.276438, 6.500825) ist das ehemalige Wohnhaus und jetzt Museum des Landschaftsmalers Nikolai Astrup, einem der größten norwegischen Künstler des frühen 20. Jahrhunderts. Viele seiner bekanntesten Werke zeigen Motive aus der näheren Umgebung.
misf.no/en/astruptunet

SCHLAFEN

In Balestrand ist das traditionelle **Kviknes Hotel** (GPS 61.208904, 6.537220) das erste Haus am Platz (bzw. am Fjord). Schon Kaiser Wilhelm II sowie andere gekrönte Häupter stiegen hier regelmäßig ab. Wirklich royal kann man sich im historischen Holzhaus fühlen, der dahinter liegende Neubau ist ein zweckmäßiges Anhängsel der Moderne. **kviknes.com**

Bei Dreiteilung dieser Tour kann auch das **Lavik Fjord Hotel** (GPS 61.104071, 5.509753) eine gemütliche Unterkunft

sein. Entsprechende Zimmer, dazu Restaurant und Bar – und das alles kurz nach dem Ausrollen von der einzigen Fährüberfahrt in Lavik.
lavikfjordhotel.com/en

Das bereits im Text erwähnte **Hjelle Hotel** (GPS 61.914720, 7.113154) ist eine ganz charmante Herberge, direkt am Seeufer gelegen. Ob Zimmer im Haupthaus oder im Motelgebäude, schon seit 1896 ist man hier immer gut untergebracht. **hjelle.com**

SCHLEMMEN

In Norwegen sind **Waffeln** ein beliebter Snack, der so gut wie überall serviert wird: auf Fähren wie an der Tanke, in Berghütten und Cafés, sogar in Edelrestaurants. Es gibt sie süß oder deftig, wobei sie tagsüber meist mit Sauerrahm und Früchten oder Marmelade belegt sind. Sehr speziell ist **Brunost**, der norwegische Braunkäse, der bei seiner Herstellung Karamellgeschmack entwickelt, den es aber auch deftig-scharf gibt. Waffeln und Brunost sind jedenfalls so wichtig für Norwegen, dass es Infos und ein traditionelles Rezept sogar bei Visit Norway gibt. **visitnorway.de**

Der Jøsenfjord besticht durch seine Straßenführung und den oberitalienischen Charme seiner Landschaft.

Eine Tour durch das südliche Fjordland

Bella Norwegen

Grüne Berge, kahle Gipfel, tiefe Fjorde mit karibisch-türkisem Wasser: Der Südwesten von Norwegen ist leicht zu erreichen, sehr abwechslungsreich und eine wahre Schönheit – eine Bella eben.

Fähren, wie hier am Jøsenfjord, sind auf dieser Route als Hilfsmittel geschätzt und unerlässlich.

60.282728, 5.40257
60.185558, 5.46823
60.287916, 5.328770
60.118558, 5.542243
60.196717, 5.555951
60.208298, 5.536315
60.203649, 5.628485
60.205592, 5.593449

Bergen, die zweitgrößte Stadt Norwegens, zählt zu den teuersten Regionen der Welt. Dennoch bildet sie eine gute Basis zur Erkundung des Fjordlands in drei von vier Himmelsrichtungen. Nur nach Westen geht es nicht mehr weiter. Da tobt sich bereits reichlich Meerwasser am Übergang der Nordsee zum Europäischen Nordmeer aus.

Die landschaftlich wahrlich gesegnete Stadt liegt von vorgelagerten Inseln gut geschützt am Meer, vom unwirtlichen Hinterland durch sieben Berge abgeschirmt. Kein Vorteil ohne Nachteil: Die schwierige Verkehrsverbindung ins Landesinnere war der Grund, dass die einst führende Handelsstadt in ihrer wirtschaftlichen und politischen Bedeutung hinter Oslo zurückfiel.

Der Aufbruch nach Süden verläuft in der ersten Stunde ähnlich wie der Beginn der Fjordrunde (Tour 5). Der **Osvegen** bringt einen in dieser Zeit nach **Osøyro**, immerhin überirdisch, was beim vierspurigen und fast zehn Kilometer langen **Lyshorntunnel**, der modernen Parallelstrecke, nicht der Fall wäre.

Erste von fünf Fähren

Hat man statt im Zentrum von Bergen hier am **Bjørnafjord** oder seinem Nebenarm, dem **Fusafjord**, Quartier bezogen, so startet der Routenverlauf direkt mit einer ersten von insgesamt fünf Fährüberfahrt. Es ist die Verbindung von **Hatvik** nach **Fusa**, auch wenn der Zielanleger **Venjaneset** genannt wird.

Am Fjordende in **Eikelandsosen** ist die **Fv 48** erreicht. Sie geht bald wieder auf Südkurs, aber nicht ohne an gleich mehreren Binnengewässern zu verlaufen, darunter den See **Skogseidvatnet**, aus dem ein halbes Dutzend Holmen herausragen.

Geisterinsel Varaldsøy

Eine ungleich größere Insel ragt aus dem **Hardangerfjord** heraus und wird bei der Fährüberfahrt ab **Gjermundshamn** links liegen gelassen. Es sei denn, man entscheidet sich alternativ zu einem kurzen Inselhopping über **Varaldsøy**. Das ist ein wenig wie eine Geisterinsel. Bis weit ins 20. Jahrhundert hinein wurde hier kupferhaltiger Schwefelkies abgebaut. Die alten Gruben und zahlreiche verfallene Gebäude zeugen noch davon.

Ein schlichter **Schotterpfad** zieht sich bis **Øyarhamn** an der Nordspitze über den Rücken der Insel. Wanderer finden hier reichlich Auslauf und belohnen sich zum Beispiel auf dem exakt 600 Meter hohen **Varden** mit einem ungewöhnlichen Rundumblick auf den Fjord und sogar den im Südosten gelegenen Folgefonna-Gletscher.

In **Årsnes** hat einen das Festland wieder. Wie schnell sich Fjorde, Fähren und Fjellübergänge hier abwechseln, wird noch für manche Überraschung sorgen. Die zahllosen, sich tief ins Landesinnere verästelnden Meeresarme können

60.240734, 5.745095
60.242074, 5.748725
60.097922, 5.992227
60.158696, 5.983048
60.224962, 5.881156
60.129115, 6.039736
60.274953, 6.206603
60.060894, 5.920029
60.054086, 6.022876
60.096550, 5.976098

Bei einer Übernachtung am Bjørnafjord gibt es Frühstück mit solcher Aussicht.

Einsame Straßen in fruchtbaren Tälern wie dem Matersdalen führen in hoch bewachsene Berge.

59.859594, 6.015931
59.795539, 5.963001
59.805095, 6.188270
59.733048, 5.935581
59.663669, 5.933457
59.674306, 5.790812
59.498119, 5.902595
59.483009, 6.200409
59.897892, 6.024628
59.485153, 6.213595

ziemlich tricky sein, falls man dem Navi blind vertraut. Wird für die nächste Tankstelle sieben Kilometer Luftlinie angezeigt, können daraus durchaus 150 Kilometer Fahrt auf dem Landweg werden. Also dürfen Fähren nicht fehlen, um solche Wege abzukürzen.

Straße mit alpinem Flair

Wo die Route sich nun vom Fjord entfernt, öffnet sich ein weites fruchtbares Tal mit Blick auf sattgrüne Berge. Die Straße steigt zwar nicht besonders hoch an – bei 366 Metern ist am **Tverrfjellet** schon Schluss –, dafür recken links und rechts etliche Tausender-Gipfel ihre doch erstaunlich hoch bewachsenen Häupter in den Himmel. Das kann das schon beeindrucken. Wenn auf den letzten vier Kilometern hinab nach **Matersdalen** dann noch ausgesprochen kurven- und kehrenreich durch eine wilde Felslandschaft verlaufen, hat das alpinen Charakter.

Vom Fähranleger in **Sunde** geht es über den **Åkrafjord** hinüber nach **Skånevik**. Auf den nächsten fast 30 Kilometern nach **Etne** schlängelt sich der **Strondavegen** am Fjordufer entlang, dass es eine wahre Freude ist. Daran ändert auch ein Hüpfer zum nächsten Fjordarm wenig. Auch zwischen **Vikedal** und **Ropeid** ist die Fahrt anregend, allerdings mit weniger Aussicht.

Der futuristisch gestaltete **Rastplatz** von Ropeid weist nicht nur auf die Landschaftsroute Ryfylke hin, sondern bietet einen guten Platz, um eine Entscheidung zu treffen. Da der nördliche Teil von Ryfylke von hier aus rund um den **Saudafjord** sowie die Bergkette **Skaulen** verläuft, würde sich der Abstecher wegen der Wasserfälle, der Aussichtspunkte und weiteren Highlights wie dem **Sudalsporten**, einem markanten Felsdurchbruch, sicher lohnen.

150 Kilometer mehr

Südlich von **Sand** wäre man dann wieder mit dieser Route vereint, muss aber knapp 150 Kilometer mehr bei der Planung berücksichtigen. Das ist nur mit einer weiteren Übernachtung machbar. Es bietet sich aber an.

Weiter in Richtung Süden bleibt die Ryfylke-Route für geraume Zeit ein treuer Begleiter. Allerdings zeigt sie sich dabei ein wenig zugeknöpft. 24 der insgesamt 38 Tunnel auf der Gesamtstrecke liegen bis zum Ryfylke-Endpunkt **Oanes** an.

Es ist aber erstaunlich, wie wenig eine solche Zahl aussagt. Auf den 13 Kilometern bis zur Fähre in **Nesvik** weist die Fahrt am Nordufer des **Jøsenfjords** gleich sieben Tunnel auf. Doch die stören nicht weiter, weil sie eigentlich den Augen – und dem Hirn – immer mal kurze Auszeiten vom wirklich spektakulären Panorama gönnen. Es weckt Erinnerungen an Oberitalienische Seen, nur gefüllt mit karibisch-türkisem Meer. Wenn dazu noch die Sonne scheint, ist es schon fast kitschig schön. ►

59.574658, 6.312336
59.634335, 6.579680
58.906177, 6.072580

59.516307, 6.585711
59.261793, 6.159175
59.293051, 6.325584

59.484017, 6.250867

Karibik? Italien? Nein, so sieht es an vielen südwestnorwegischen Fjorden aus.

Der Lysevegen mit seinen 27 Haarnadelkurven zählt zu den abenteuerlichsten Straßen in Norwegen.

59.088434, 6.120627
59.006958, 6.300585
59.150828, 6.17938
59.131912, 6.234371
59.128081, 6.233747
59.131392, 6.246964
59.016336, 6.322849

Der Bergrücken zwischen dem See **Tysdalsvatnet** sowie dem **Lysefjord** ist ein ausgezeichnetes Wandergebiet. In **Årdal** ist es vom nächstgelegenen **Parkplatz** aus nur ein kurzer Aufstieg auf den **Middagssåsen**, der mit jeder Menge Weitblick belohnt wird. Wer ein, zwei Stunden erübrigen kann, sollte die zwar asphaltierte, aber schmale **Fv 661** nehmen, die als Stich von Årdal bis nach **Songesand** am Nordufer des Lysefjords führt.

Malerische Heidehochland

59.064825, 5.925386
59.019327, 6.040093
58.991479, 6.137801

Dieses Gewässer ist eigentlich nur von zwei Seiten zugänglich: West und Ost. Hier enden – oder beginnen – die Straßen, hier verkehren die Fähren. Genau das sind denn auch die Blickwinkel, aus denen man den Fjord schon fast zu kennen meint. Kaum jemand aber nähert sich ihm über das zugleich noch malerische Heidehochland, das auf der knapp 30 Kilometer langen Strecke überquert wird. Zwei Mal allerdings, denn es gibt keinen anderen Weg durch diese Einsamkeit.

Angesichts dieser und der noch vor einem liegenden Attraktionen dieser Gegend ist es angebracht, sich hier eine Unterkunft zu suchen. Mindestens für eine Nacht, eher aber mehr. Das Angebot ist zwar nicht üppig, aber in **Tau** oder etwas später in **Jørpeland** vorhanden. Oder man begibt sich gleich in die **Berghütte** eines Ziels, dass man sicher nicht auslassen möchte, wenn man schon mal am Lysefjord unterwegs ist.

Die bekannteste Sehenswürdigkeit am Fjord ist der **Preikestolen**, zu Deutsch: Predigtstuhl. Das rund 25 mal 25 Meter messende Felsplateau ist gut 600 Meter vom Meeresarm entfernt – allerdings Höhenmeter, senkrecht und ansatzlos von der Felskante in die Tiefe abfallend. Von unten betrachtet schaut das übrigens weniger bedrohlich aus.

58.986542, 6.188301

Markante Felsenkanzel

Acht Kilometer lang ist die Wanderung, allzu viele Höhenmeter sind auch nicht zu überwinden. Dennoch muss für den Weg zur markanten Felsenkanzel und zurück mit vier bis fünf Stunden gerechnet werden. Nicht nur Instagramer werden das gerne in Angriff nehmen wollen, denn der Blick über den Fjord und ein Bild von Mensch auf Kanzel sind einfach zu verlockend.

Auf einer unvergesslichen Fährfahrt, fast schon einer Seereise, nimmt einen die Schönheit des Lysefjords auch auf der Wasserseite im Handumdrehen gefangen. Der südlichste der großen Fjorde reicht, links und rechts von steilen Bergflanken gesäumt, 40 Kilometer ins Landesinnere.

Die ersten, die es schaffen, am Ende der Panorama-Kreuzfahrt den Bauch der Fähre zu verlassen, haben den vollen Genuss der unmittelbar folgenden **Lysevegen-Straße**: Sie schraubt sich mit einem nicht übertrieben breiten, aber 1100 Meter lan-

59.056623, 6.667596

Der Aussichtsfelsen Preikestolen ist ein spektakuläres Wanderziel am Lysefjord.

Der verkeilte Felsbrocken am Kjerag steckt mehr als 1000 Meter über dem Lysefjord fest – hoffentlich.

59.049997, 6.663787

59.026322, 6.595681

59.045469, 6.65132

59.045962, 6.651342

59.034483, 6.740713

59.054427, 6.645914

59.042416, 6.713649

gen **Kehrentunnel** und 27 Haarnadelkurven bis ins Hochgebirge. Von eiszeitlichen Gletschern buckelig geschliffene Granitfelsen ragen aus den schütter bewachsenen Hochalmen, gesprenkelt mit kleinen Seen, und das ganze Arrangement noch überzuckert mit Schnee.

Blick zurück in Demut

Wer nicht so gut wegkommt, muss sich nicht grämen, sondern einfach nur warten, bis der Verkehr sich verzogen hat. Das dürfte nicht allzu schwer fallen. Einen Kaffee gibt es am **Kiosk** des Fähranlegers, und der Blick zurück auf den zwischen steilen Felswänden eingezwängten Fjord ist nicht im Zorn, sondern voller Demut ob so viel landschaftlicher Pracht.

Auf halber Höhe sei übrigens auch hier zumindest ein halber Wandertag empfohlen. Denn neben dem Preikestolen auf der Nordwestseite des Fjords gibt es mit dem **Kjerag** im Südosten noch eine zweite, nicht minder spektakuläre Attraktion.

Die elf Wanderkilometer beginnen an einem **Aussichtsparkplatz** über dem Gewässer. Hin und zurück ist mit fünf bis sechs Stunden zu rechnen. Im **Kjerag Café und Restaurant** kann man sich vor oder nach einer solchen Tour auch stärken.

Im weiteren Verlauf der Fv 4224 werden auf einem weitläufigen **Fjell** 933 Meter erreicht. Hier liegt auch der Grund, warum es diese Strecke überhaupt gibt. Sie wurde nämlich erst 1984 eröffnet – als Baustellenzufahrt für den **Tjodan-Wasser-**

speicher und -Kraftwerk. Bis dahin war **Lysebotn** ausschließlich auf dem Wasserweg zu erreichen. So wie auch heute noch zwischen Oktober und Mai, denn am Lysevegen gilt dann eine Wintersperre.

Höchster Punkt der Tour

Bei **Suleskard** mündet die Straße nach 21 spektakulären Kilometern in die Fv450 ein. Das soll es aber noch nicht gewesen sein. Was sich nämlich auf den nächsten mehr als 40 Kilometern als **Suleskardvegen** durch die Landschaft schlängelt, bringt auch den mit **1046 Metern** höchsten Punkt dieser Tour mit sich.

Zwischen strohigen Fjell-Matten mit versprenkelten Felsrücken und saftigem Grün liegen wie immer nur wenige Höhenmeter. Bis kurz vor **Kristiansand** lässt sich im sanft an die natürlichen Gegebenheiten des Otratals angepassten Straßennetz verweilen. Gerne auf den Strecken, auf denen nahezu niemand sonst unterwegs ist. So lässt sich auf überraschend schmalen Asphaltpfaden, die kleine Siedlungen kurvenreich miteinander verbinden, wenigstens dann und wann dem **Rv 9** ausweichen, der zielgerichtet durchs **Otratal** auf die Küste zusteuert.

Plötzlich – und dennoch etwas unerwartet – ist man dann wieder am Meer. Mit wie viel Wehmut wird man wohl die Fähre nach Hirtshals besteigen, um von dort nach Hause zu fahren? Zu müssen … ◂

59.055136, 6.646741
58.143345, 7.99402
59.016743, 6.953376
59.089575, 7.542114
58.253549, 7.958162
59.021797, 6.975910
59.034289, 7.220565

Kurz vor Kristiansand weiß Norwegen noch mit stillen Wassern wie dem Byglandsfjord zu punkten.

Bergen
Straume
Norheimsund
Hardangerfjord
Osøyro
Fusa
Øyarhamn
Bjørnafjorden
Gjerdmundshamn
Årsnes
Odda
Hardangervidda-
Nationalpark
Rosendal
Folgefonna-
Nationalpark
Røldal
Møsvatn
Sagvåg
Leirvik
Sunde
Skånevik
NO
Etne
Sauda
Ølen
Vikedal
Ropeid
Suldal
Haugesund
Hålandsosen
Kopervik
Nesvik
Åkrehamn
Hjelmelandsvågen
Årdal
Rysstad
Lysebotn
Preikestolen
Jørpeland
Kjerag
Utsikt
Tjodanpollen
Suleskard
Stavanger
Åraksbø
Oanes
Sandnes
Åraksfjorden
Byglandsfjord
Nærbø
Varhaug
Evje
Egersund
Røyknes
Flekkefjord
Vennesla
Langøya
Lyngdal
Kristiansand
Farsund
Mandal
Flekkerøy
0 10 20 km

TOURDAUER

ca. 18 Stunden (reine Fahrtzeit)
2 - 3 Tage (mit Besichtigungen)

STRECKENLÄNGE

ca. 620 Kilometer • 5 • 38

ROADBOOK

Bergen, Osøyro, Fusa, Gjermundshamn, Skånevik, Ropeid, Nesvik, Årdal, Jørpeland, Oanes, Lysebotn Rysstad, Byglandsfjord, Kristiansand.

INFO

Die Route verläuft durch die Provinz **Vestland** und Rogaland, die touristisch zu Fjordnorwegen gehören.

fjordnorway.com/de

Der letzte Abschnitt nach dem Lysefjord bis Kristiansand liegt in Agder, touristisch also in Südnorwegen.

de.visitsorlandet.com

CHARAKTERISTIK

Mit fünf Fähren und 18 Tunneln ist diese Route ähnlich bestückt wie die Tour 11 auf dem Kystriksveien. Auf der zweiten Hälfte sind der **Lysevegen** mit seinen Serpentinen sowie der auf über 1000 Meter ansteigende **Suleskardvegen** besondere Herausforderungen. Bergerfahrung kann auf diesen Strecken nicht schaden. Die West-Ost-Fähre über den **Lysefjord** verkehrt nur zwischen Mai und Oktober, den Öffnungszeiten des Lysevegen.

SCHAUEN

Wer auf dieser Etappe ohne Wanderschuhe und auch sonst funktionaler Outdoorausstattung unterwegs ist, hat definitiv etwas falsch gemacht. Die schönsten Ziele mit Nervenkitzel wie **Preikestolen** oder **Kjerag**, aber auch weitere Aussichtsplätze rund um den **Lysefjord** sind eben nur zu Fuß zu erwandern. Hilfestellung zu Planung und Zeitaufwand gibt es auch.

lysefjorden365.com

SCHLAFEN

Wer außerhalb von Bergen unterkommen möchte, sollte das **Solstrand Hotel & Bad** (GPS 60.189052, 5.487925) in Betracht ziehen. Die Lage am Bjørnafjord ist unschlagbar, die Küche herausragend, das Wellnessangebot hilfreich sowohl vor, als auch nach tausenden Tourkilometern.

solstrand.com/en

Wer sein Stiefelbier in angenehmer Atmosphäre und frisch gebraut zu sich nehmen möchte, ist in Tau im **Lilland Bryggerihotell** (GPS 59.066113, 5.914347) genau richtig. Neben komfortablen Zimmern befindet sich eine Lokalbrauerei im Haus.

lillandhotell.no

Zu Beginn des 20. Jahrhunderts als Unterkunft für die Direktion des ehemaligen Stahlwerks erbaut, ist das **Verkshotellet** (GPS 59.019481, 6.040021) in Jørpeland heute eine historische Herberge mit komfortablen Gästezimmern. **verkshotellet.no**

Neben den üblichen Kettenhotels, die in Kristiansand natürlich alle vertreten sind, gibt es noch das **Sjøgløtt Hotell** (GPS 58.144740, 7.999830). In unmittelbarer Nähe zur Promenade wie auch unweit des Fährhafens bietet das familiäre Hotel eine ruhige Unterkunft, faire Preise und eigenen Parkplatz am Haus. **sjoglott.no**

SCHLEMMEN

Fleisch-Fans dürfen sich auf Elch, Rentier, Hirsch oder Raufußhuhn (eine Fasanenart) freuen. Gerade in abgelegenen Bergregionen gehört das zur Tafel dazu. Aber auch heimische Getreide- und Gemüsesorten, Lamm und Geräuchertes sowie allerlei wilde Beeren zählen zu den Grundnahrungsmitteln in Norwegen. Regionale Bierspezialitäten sind im Land häufig anzutreffen: Das Interesse an Craft Beer ist in Norwegen geradezu explodiert. Die norwegischen Lebenshaltungskosten sind grundsätzlich hochpreisig, alkoholische Getränke sind im Vergleich zu Deutschland sogar äußerst teuer, da zur Mitnahme nur im staatlichen **Vinmonopol** erhältlich.

visitnorway.de

Sag zum Abschied von Norwegen leise Servus. Warum nicht mit einem Cocktail, der einen zurück in die Zivilisation holt? Dann gibt es vor der Heimreise nur einen Ort: Kristiansands erste Sky Bar im **Radisson Blu Caledonien Hotel** (GPS 58.142556, 7.994773). Der Blick vom 13. Stock geht sehnsüchtig übers Meer, versprochen. **radissonhotels.com**

Inselhopping nördlich des Polarkreises

Nordische Lichtspiele

Abseits des Festlands erstrecken sich die Inselgruppen der Lofoten sowie der Vesterålen – und dazu die Insel Senja. Hier gibt es Sandstrände, die sich nicht hinter der Südsee, und Bergwelten, die sich nicht hinter den Alpen verstecken müssen.

Von der Aussichtsplattform Bergsbotn auf Senja lassen sich die eigenwilligen Felsformationen entlang der zerklüfteten Nordküste betrachten.

Die Fischersfrau-Statue begrüßt ein Schiff der Hurtigruten bei der Einfahrt in den Hafen von Svolvaer.

68.231543, 14.56642
68.202392, 13.680941
68.229534, 14.566755
68.231655, 14.56417

Natürlich könnte man die **Lofoten** über die E 10 auch auf dem Landweg erreichen. Aber ungleich schöner ist die Anreise an Bord eines der Postschiffe, die **Svolvaer**, die größte Stadt der Inselgruppe, ansteuern (siehe S. 12).

Erholsame Tage auf See

68.235775, 14.576827

68.251853, 13.772323

Im Sommer, wenn die Tage fast nicht enden wollen, möchte man nach dem Ausschiffen um 21.20 Uhr am liebsten gleich weiterfahren. Schließlich hat man gerade anderthalb bis zwei erholsame Tage auf See verbracht. Und hell ist es auch, noch lange. Dennoch ist es vernünftiger, sich im Ort eine Unterkunft zu suchen.

Das gestaltet sich recht einfach. Die ersten Hotels liegen in unmittelbarer Nähe zum **Postschiff-Anleger**. Wer sich sputet, kann zudem der **Magic Ice Bar** noch einen Besuch abstatten und kühle Drinks in noch kühlerer Umgebung zu sich nehmen. Es ist nämlich die weltweit größte Ausstellung von Eisskulpturen, die zudem einen Barbetrieb bietet – im Sommer immerhin bis 23 Uhr.

Noch heute sind am Hafen im Bereich der Brücke **Svinøybrua** übrigens riesige Holzgerüste zu sehen, auf denen Stockfisch getrocknet wird. Dieser Anblick wird sich bei einer Tour über die Lofoten noch des Öfteren zeigen.

Die **E 10** ist im Gegensatz zu den Europastraßen auf dem norwegischen Festland nicht sonderlich ausgebaut. Dadurch hat sie sich den Charakter einer kleinen Nebenstrecke erhalten. Nicht umsonst ist sie auf den Lofoten als norwegische Landschaftsroute gekennzeichnet. Mit Abstechern bieten sich 230 abwechslungsreiche Kilometer, auf denen es allerhand zu entdecken gibt. Ein erster führt über die Fv 816 nach **Henningsvær**. Der Ort wird auch als Venedig der Lofoten bezeichnet.

Rast am Amphitheater

Mit einem Hüpfer über die beeindruckende Brücke, die sich über den **Gimsøystraumen** schwingt, ist die Insel Vestvågøy erreicht. Ein ganz besonderer Platz wurde hier mit dem Abstecher nach **Eggum** geschaffen. Der Rastplatz dort ist wie ein Amphitheater gestaltet und wird von den Besuchern gerne genutzt, um das weiche Licht der Mitternachtssonne zu genießen. Auf **Vestvågøy** befinden sich zudem einige der schönsten Strände und Surfspots.

Wenn gerade von Stränden die Rede ist: Mit etwas Glück kann im Sommer an abgelegenen Stellen wie **Uttakleiv** oder zuvor bereits **Haukland** karibisches Feeling aufkommen. Die feinen Strände bieten fast schneeweißen Sand, das Wasser schimmert prächtig türkis. Eingebettet ist diese Szenerie in eine grasgrüne Umgebung, aus der dann karge Felsgipfel herausragen.

Es sind keine fünf Kilometer von der E 10 bis an den feinen Sandstrand von **Vik**. Zu den beiden anderen Plätzen ist es nur unwesentlich wei-

68.160722, 13.784107

68.152888, 14.200724

68.209491, 13.503589

68.199430, 13.529798

68.276926, 14.277206

68.309126, 13.667936

68.192994, 13.540160

Karibikfeeling am Nordmeer kommt an den feinen Sandstränden von Haukland (vorne) und Vik auf.

Das schmale Asphaltband der E 10 ist der einzig nennenswerte Verkehrsweg auf der Lofoteninsel Flakstadøy.

ter. Camper nutzen das Gebiet auch gerne zur Übernachtung.

Beim Übergang zur nächsten Insel führt der 1776 Meter lange

68.147836, 13.467054

Nappstraumtunnel unter der gleichnamigen Meerenge hindurch. Er markiert auch den Anfang einer

67.969934, 13.110424

Kette von Tunneln, auf die bis hierher verzichtet werden konnte. Bis zum südlichen Ende der E 10 sollen nun noch einige folgen.

67.945408, 13.130017

Abstecher nach Nusfjord

67.932468, 13.088768

68.084245, 13.379739

67.902340, 13.041871

68.035410, 13.347705

67.28591, 14.389772

Mangels Alternative ist die Hauptstraße auf der stark zerklüfteten Insel **Flakstadøy** so ziemlich der einzige nennenswerte Fahrweg – wenn man einmal vom Abstecher nach **Nusfjord** absieht. Das malerische Fischerdorf weist reichlich der traditionellen Rorbuer, der norwegischen Fischerhütten, auf. Sie sind fein restauriert und spiegeln sich in ihrem klassischen Rot im Wasser der Bucht.

Zurück auf der Route geht es nun direkt an weiteren, einladenden Stränden vorbei. Dann ist auch schon **Moskenesøya** erreicht, das letzte große Archipel der Lofoten Inselgruppe. Und so, wie ab hier die Tunnel zunehmen, folgen nun auch bekannte wie unbekannte Fotomotive wie Perlen auf der Schnur.

Die Fischerdörfer **Hamnøy** – gerne von der Brücke aus abgelichtet – sowie **Reine** hat wohl jeder Norwegen-Besucher schon mal im Vorfeld einer Reise gesehen. **Moskenes** hingegen zeichnet sich eher durch seine Fährverbindung aufs Festland – nach **Bodø** – aus.

Fehlt eigentlich nur noch Å, das Dorf am A… der Lofotenwelt. Auch dieses Fischerdorf hat sich herausgeputzt und wird gerne besucht. Hier kann man auch etwas lernen: im **Norsk Fiskeværsmuseum** etwas darüber, wie das Küstenleben in solchen Siedlungen im 19. Jahrhundert so war und sich entwickelte, und im **Lofoten Tørrfiskmuseum** alles, was man schon immer über Stockfisch wissen wollte.

Junger Nationalpark

Dann lässt sich hier auch noch gut wandern, bergwandern sogar. Der **Hermannsdalstinden** ragt bis auf 1029 Meter empor, manche der umliegenden Gipfel bleiben kaum dahinter zurück. Sie gehören allesamt zum noch jungen **Lofotodden Nationalpark**. Spätestens hier wird klar, dass schon die Lofoten ein Urlaub für sich sein können – und für viele auch sind.

Wer auf dem Hinweg etwas verpasst, kann das auf der Rückfahrt nachholen, der Weg ist – fast – identisch. Lediglich auf Vestvågøy sei empfohlen, in **Leknes** auf die Fv 815 auszuweichen und dieser an der Südküste der Insel bis zur Brücke über den **Sundklakkstraumen** zu folgen.

Zurück in Svolvaer sind es noch knapp 30 Kilometer bis **Fiskebøl**. Dort wartet schon die Fähre zu den Vesterålen – und damit zur Fortsetzung des Inselhoppings. ►

67.879202, 12.977214
67.974158, 12.964886
67.881374, 12.982061
67.882270, 12.984149
68.144059, 13.63575
68.26822, 14.155787
68.43064, 14.82311
67.941986, 12.937747

Selbst am Ende der Lofotenwelt in Å stehen renovierte Fischerhütten, die Rorbuer, als Unterkunft bereit.

Das Hurtigrutemuseet in Stokmarknes beherbergt auch ein Original-Postschiff: die Finnmarken.

Drei Hauptinseln machen die Ves-
68.540172, 14.831871 terålen aus. Im Süden ist es **Hadseløya**, wo die Lofoten-Fähre in
68.501262, 14.800939 **Melbu** anlegt. In der Mitte sieht
68.800081, 15.204008 **Langøya** ziemlich gerupft aus, was die gezackte Küstenlinie auf einen Blick verrät. Im Norden schließt sich
69.099547, 15.759285 dann **Andøya** an, das Moltebeeren-Paradies.

Postschiff-Geschichte

Es sind nur gut 15 Kilometer nach
68.567000, 14.913348 **Stokmarknes** und wer die Tageszeiten hier im Norden noch im Griff hat – was angesichts der faszinierenden Mitternachtssonne und den immer wieder überraschenden nächtlichen Erlebnissen nicht so einfach ist –, der sollte unbedingt das
68.56957, 14.911371 **Hurtigrutemuseet** zur Geschichte der Postschiffe besuchen. Es liegt gleich neben der Hauptverwaltung des Unternehmens und natürlich am Anleger der Postschiffroute.

Der Ort ist bewusst gewählt, wurde hier doch der Grundstein nicht nur für die Postschiffrouten, sondern für die Entwicklung des ganzes Landes gelegt. Die Hurtigruten wurde in Stokmarknes von einer privaten Reederei, der Vesteraalens Dampskibsselskab (VDS), gegründet und fuhr erstmals 1893 zwischen Trondheim und einer der nördlichsten Städte Europas: Hammerfest. Schnell entstanden daraus drei Linien, die tägliche Verbindungen zwischen Bergen und Hammerfest, später auch Kirkenes etablierten. 1936 wurden sie zu einer Linie, die mit 14 Schiffen bedient wurde.

Neben der Geschichte der Hurtigruten ist auch ein Schiff zu besichtigen. Mit Eröffnung des Museums 1993 wurde die Finnmarken außer Dienst gestellt und an Land vertäut. Zum modernen Museumsneubau gehört seit 2022 eine Schutzhülle aus Glas und Stahl, damit das Schiff nicht verrottet.

Zauberhaftes Farbenspiel

Eine Fahrt über die **Hadselbrücke** bringt einen nach Langøya. Hier sollte unbedingt der **Eidsfjord** das Ziel sein, dem man nun nach Nordosten folgt. Je näher das Ende des Fjords rückt, umso schöner wird die Aussicht auf die gegenüberliegenden Bergzüge. Hier fällt auch auf, um wie viel reicher die Vegetation an den Hängen im Vergleich zu den Lofoten ist. Das führt zu einem zauberhaften Farbenspiel aus grünen Bergen und tiefblauem Wasser.

Und noch eins fällt auf: Schmucke Obstgärten und gepflegter Rasen säumen die Strecke. Wer hier im weichen Licht einer sommerlichen Nacht unterwegs ist, macht denn auch mit einem nordischen Zeitvertreib Bekanntschaft, der in unseren Breiten unmöglich scheint. Rasen mähen 68.571926, 14.994149
und Rosen schneiden um zwei Uhr morgens ist für die meisten Besucher 68.701693, 15.039992
kein alltäglicher Anblick.

Bei **Sortland** geht es erneut 68.70654, 15.42689
über eine Brücke, zunächst nach **Hinnøya**. Auch hier ist dem 68.594882, 15.845690
Küstenverlauf zu folgen, ziemlich

Die Landschaftsroute Andøya verläuft mit solchen Ausblicken an der Westküste der Insel entlang.

Husøy auf Senja ist traumhaft auf einer Insel im Fjord gelegen. Was fehlt, ist eine touristische Infrastruktur.

68.837761, 15.551560 stracks gen Norden. Der **Forfjord**
wird umrundet, bevor es in großem
68.954897, 15.649372 Schwung von **Dragnes** über die
68.96096, 15.65093 **Andøybrua** auf die letzte Vesterå-
68.971911, 15.638351 len-Insel nach **Risøyhamn** geht.

Mehr als die Hälfte der Inselfläche
69.104161, 15.573207 ist Moorgebiet. Daher ist der Torfabbau hier ein großer Wirtschaftsfaktor gewesen. Und die ansonsten seltene Moltebeere gedeiht hier
69.324147, 16.118075 gut. Wer kann, sollte unbedingt die sortenreine Marmelade probieren.

Andøyas Westküste

Die Westküste Andøyas ist der
69.36316, 17.0521 weitaus schönere Teil. Die Haupt-
68.986485, 15.654316 verkehrsader ist die **Rv 82**. Sie ver-
69.313989, 16.119212 bindet Risøyhamn mit **Andenes**.
Auf der Landschaftsroute Andøya,
68.989779, 15.646872 der **Fv 974**, hingegen gelangt man zu einsamen Aussichtspunkten, abgelegenen Buchten und erneut nahezu karibischen Stränden.

Wie unterschiedlich dieses abgelegene Fleckchen Erde genutzt wird, zeigt die Tatsache, dass in der Nähe des Aussichtspunkts **Bukkekjerka** aktuell der Raketenstartplatz für das skandinavische Raumfahrtprogramm ausgebaut wird. In Andenes hingegen kann man auf **Walsafari** gehen – zusammen mit Wissenschaftlern, die noch immer den Geheimnissen der Meeressäuger auf die Spur kommen möchten.

Eine Fährüberfahrt bringt einen schließlich nach **Gryllefjord** auf Senja. Dort schließt sich umgehend die nächste Landschaftsroute an, die den Namen dieser überaus vielfältigen Insel trägt. Sie verläuft auf gut 100 Kilometern die zerklüftete Nordküste entlang und führt zu den schönsten und auch abgelegensten Punkten von Senja.

Wer die Zeit hat, kann das als Rundtour an einem Tag erledigen und dazu zunächst die Insel von Nord nach Süd, sprich: **Silsand**, wo sich auch die einzige größere Tankstelle befindet, durchqueren. Danach folgt man dem **Gisundkanal** gen Norden, bis man in die **Fv 862** – und damit in die Landschaftsroute – einmündet.

Auf Achterbahnfahrt

Es folgt eine Achterbahnfahrt. Jedenfalls bietet die Strecke ein stetes Auf und Ab zwischen Bergfahrten und Küstenstreifen, zwischen phänome-
nalen Aussichtspunkten wie **Tun-** 69.486956, 17.333257
geneset auf Meereshöhe mit Blick auf
die Bergkette namens Teufelsgebiss
oder **Bergsbotn** an einem Serpe- 69.422890, 17.504259
netinenschlenker. Am **Ersfjord** 69.479887, 17.397495
lockt zuvor ein feiner Sandstrand,
auch sollte man sich den Abstecher 69.244812, 17.949738
ins Fischerdorf **Mefjordvær** gön- 69.520684, 17.439070
nen. Der Ausblick von der Kaimauer
aufs gegenüberliegende Ufer ist über- 69.302794, 17.953033
wältigend.

Eine Woche sollte man sich für 69.462011, 17.817743
diese Inselwelten Zeit nehmen, mindestens. Oder gleich zum Wiederholungstäter werden. Das ist angesichts der Eindrücke, die man auf der Weiterfahrt in die Nordmeer-Perle
Tromsø in Ruhe verarbeiten kann, 69.652614, 18.963958
gar nicht mal so abwegig. ◂

Im Hafen von Mefjordvaer auf Senja eröffnet sich am gegenüberliegenden Ufer ein gewaltiges Panorama.

TOURDAUER

ca. 30 Stunden (reine Fahrtzeit)
4 - 6 Tage (mit Besichtigungen)

STRECKENLÄNGE

ca. 900 Kilometer • ⛴ 3 • 55

ROADBOOK

Svolvaer, Napp, Hamnøy, Moskenes, Å, Leknes, Fiskebøl, Melbu, Stokmarknes, Sortland, Forfjord, Risøyhamn, Bleik, Andenes, Gryllefjord, Silsand, Husøy, Mefjordbotn, Hamn, Botnhamn, Nordfjordbotn, Tromsø.

INFO

Diese drei lokalen Websites (auf Englisch) können behilflich sein.

visitlofoten.com/en
visitvesteralen.com/en
visitsenja.no/en

CHARAKTERISTIK

Etwas Selbstdisziplin gehört schon dazu, soll das vorgeschlagene Inselhopping innerhalb einer Woche vollzogen sein. Schnell kann man sich hier verlieren, Bucht für Bucht ansteuern, die Zeit vergessen und sich immer wieder neu in die eindrucksvollen Landschaften verlieben. Es ist zu beachten, dass die **Fähre Andenes - Gryllefjord** nur von Mitte Mai bis Anfang September verkehrt. Zwei Mal täglich, Mitte Juni bis Mitte August drei Abfahrten. Man muss frühzeitig am Anleger sein, es können keine Plätze vorgebucht werden. Die **Fähre Botnhamn - Brensholmen** verkehrt ganzjährig, im Sommer fünf bis sieben Mal täglich. Für die Bezahlung der Überfahrten ist ein Kundenkonto bei **ferrypay.no** notwendig.

SCHAUEN

Auf den Inselgruppen Lofoten und Vesterålen gibt es eine reiche Museumslandschaft. Insgesamt 17 verschiedene Ausstellungen und Orte drehen sich vor allem um das Leben am, vom und mit dem Meer. **Museum Nord** verwaltet das Ganze. Besonders zu empfehlen ist das **Lofotr Viking Museum** (GPS 68.244219, 13.757639) von Bøstad im größten jemals ausgegrabenen Wikinger-Langhaus.

museumnord.no/en

Die **Magic Ice Bar** (GPS 68.229534, 14.566755) in Svolvaer ist eine ungewöhnliche Mischung aus Kunstausstellung und Cocktailbar. In der größten permanenten Eisausstellung gibt es kunstvoll gestaltete, frostige

Objekte zu betrachten. Die Drinks hingegen werden an einer Bar aus Eis in handgemachten Gläsern aus Eis serviert. Es gibt weitere Locations, in Bergen und Tromsø. **magicice.no**

Wale sind vor der Nordmeerküste Norwegens keine Seltenheit. Andenes ist ein Hot Spot, weshalb **Hvalsafari AS** (GPS 69.324400, 16.117860) bereits seit über 30 Jahren Bootsausflüge zur Walbeobachtung anbietet. Ein informatives Museum gibt es noch dazu. **whalesafari.no**

SCHLAFEN

Die nordnorwegischen Inseln sind ein Camper-Paradies. Viele Plätze liegen direkt am Meer, oft mit Blick auf die dahinter ansteigenden Bergketten. Einige der schönsten Plätze beschreibt der sehr informative, deutschsprachige **Nordlandblog**, darunter den Strand von **Haukland** (GPS 68.198400, 13.528216). **nordlandblog.de**

In Svolvaer bietet sich eine Übernachtung im **Scandic Svolvaer** auf der Hafeninsel Lamholmen (GPS 68.233191, 14.571106) an. **scandichotels.de**

Übernachten in einer renovierten Fischerhütte? Das ist im **Å Rorbuer** (GPS 68.233191, 14.571106) möglich. Ein Klassiker. **arorbuer.no/en**

Hütten für Selbstversorger stehen am **Andøy Friluftsenter** (GPS 68.233191, 14.571106) ebenso parat wie Zeltplätze oder das Panorama-Apartment. Dazu gibt es eine sehr komfortable Gruppenunterkunft. Bleibt die Küche kalt, geht es ins zugehörige Restaurant. **andoy-friluftssenter.no**

SCHLEMMEN

Die arktische Küche kennt manche Eigenart, die es zu probieren gilt: **Stockfisch** kommt in verschiedenen Variationen auf den Tisch, traditionell gegrillt und an Karotteneintopf. Basis des Stockfischs ist **Skrei**, der Winterdorsch, der auch frisch gefangen und gekocht zu empfehlen ist. **visitnorway.de**

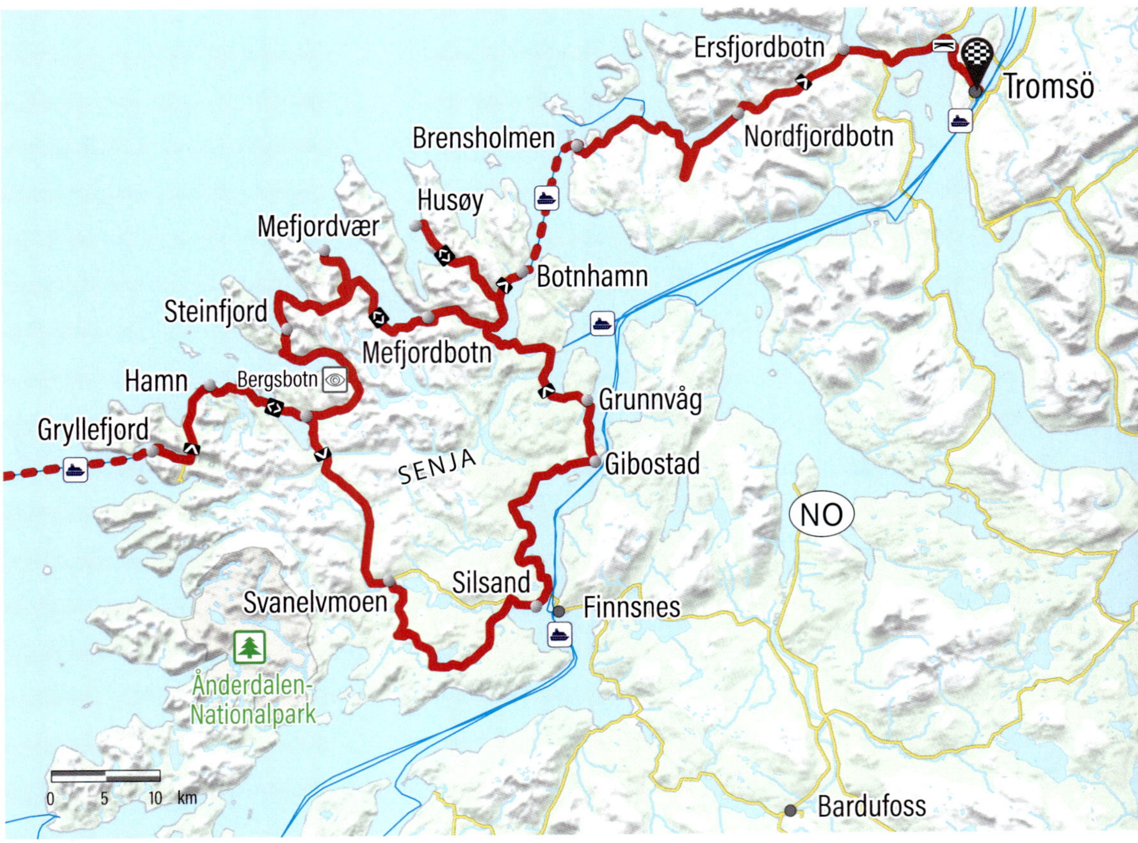

Wer Einsamkeit spüren möchte, fährt zum Nordkap

Endstation Sehnsucht

Ein schlichtes Metallgeflecht in Form einer Weltkugel steht auf der „Bucketlist" vieler Norwegen-Reisender. Es markiert das Nordkap, ein Traumziel, für dessen Erreichen es vor allem eines braucht: Geduld.

Das Nordkap ist zwar nicht der nördlichste, aber immerhin der nördlichste anfahrbare Punkt Europas.

Das Zentrum von Tromsø liegt auf einer Insel. Am Ausgangspunkt der Brücke steht die Eismeerkathedrale.

An zahlreichen Stellen Norwegens machen sich durchgehende Verkehrswege rar. Aber dass es auf gut 500 Kilometern nur eine solche Hauptstraße gibt, ist ziemlich einzigartig. Das ist die E 6, der Weg zum Nordkap.

Athen des Norden

Wer auf direktem Weg vom Süden des Landes dorthin unterwegs ist, wird die E 6 kaum verlassen. Dabei lassen viele Nordkap-Besucher reichlich Attraktives aus: faszinierende Inselwelten und nicht zuletzt das Paris des Nordens: **Tromsø**. Dabei sollte man der mit rund 78 000 Einwohnern größten Kommune des Nordens unbedingt einen Besuch abstatten.

69.681907, 18.972491

69.651635, 18.955859

69.648032, 18.987421

Besonders geeignet sind dazu wie überall in Nordnorwegen die Monate Mai bis August. Sie weisen nicht nur die geringsten Niederschläge auf, sondern können auch viele der 1250 Sonnenstunden im Jahr für sich verbuchen. Was nicht zuletzt daran liegt, dass 344 Kilometer nördlich des Polarkreises die Sonne zwischen dem 18. Mai und dem 25. Juli gar nicht mehr untergeht.

Das sorgt für reichlich Leben in der Stadt, die nicht nur für die nördlichste **Universität**, sondern auch – welch Koinzidenz – die nördlichste Brauerei sowie auch noch die nördlichste Kathedrale der Welt Heimat ist. Allerdings verwechseln Besucher Letztere gerne mit der **Eismeerkathedrale** genannten Seemannskirche, die als architektonischer

Blickfang auf einem Hügel am Stadtrand steht. Die echte Kathedrale, also Bischofskirche, ist der **Dom zu Tromsø** im Zentrum. Trotz ihrer Größe wurde sie 1861 komplett aus Holz errichtet.

In unmittelbarer Nachbarschaft ist das **Nordnorsk Kunstmuseum** mit seiner umfangreichen Sammlung sowie wechselnden Ausstellungen einen Besuch wert. Nur ein paar Schritte weiter erweckt das **Troll Museum** mit Hilfe von Augmented Reality Trolle zum Leben und erzählt zudem die Geschichte hinter den Mythen, Fabeln und Legenden.

Die Historie der Polarregion sowie der zahlreichen erfolgreichen wie auch gescheiterten Expeditionen dorthin zeichnet das **Polarmuseum** nach, das wiederum in der historischen Zollstation untergebracht ist. Und die flankiert zusammen mit anderen Seebrückenhäusern malerisch den Hafen zu Füßen der imposanten **Tromsøbrua**.

Von Kultur zum Brauhaus

Für dieses umfangreiche Kulturangebot muss man in Tromsø gerade mal einen Kilometer zu Fuß zurücklegen. Erleichternd hinzu kommt, dass auch die empfehlenswerten Hotels in diesem Viertel der Stadt zu finden sind. Restaurants und Bars gibt es ebenfalls zuhauf, darunter auch die **Brauereischänke** von **Macks Ølbryggeri**, der Brauerei, die geführt zu besichtigen ist. ►

69.648749, 18.956820

69.652341, 18.973292

69.648326, 18.959557

69.648665, 18.961418

69.645898, 18.950472

69.645621, 18.949302

69.652207, 18.963317

Die Traditionsbrauerei Mack bietet in Tromsø auch halbtägige Braukurse an.

Der Kjosenfjord bildet den einzigen Durchbruch durch die Lyngenalpen – und einen Weg zum Lyngenfjord.

Über eine Besonderheit der Stadt sollte man sich bewusst sein, wenn man mit einem Fahrzeug unterwegs ist: Sie ist im Bereich der Insel Tromsøya mächtig untertunnelt. Der Verkehr wird, wo es nur geht, aus dem Stadtbild unter die Erde verbannt, einige **Kreisverkehre** und merkwürdige **Zufahrten** durch Gebäude eingeschlossen.

69.656674, 18.950708
69.653154, 18.956271
69.561250, 19.183974

Parkhaus im Fels

Ein in den Fels gesprengtes **Parkhaus** gibt es auch. Dort hinein hat sich schon so mancher Navigationsgläubige leiten lassen, der eigentlich auf der Suche nach einem Weg ins Tunnellabyrinth der Stadt war.

69.64619, 19.530408
69.669324, 19.647878
69.649126, 18.953257
69.617686, 19.780489

Der schönste Weg aus dieser schönen Stadt hinaus ist sowieso über die Tromsøbrua und vorbei an der Eismeerkathedrale, die eines der größten bemalten Glasfenster Europas besitzt. Es ist 23 Meter hoch, stellt Christi Wiederkehr dar und füllt die gesamte Ostwand des Gebäudes.

Die Straße mündet kurz in die E 8 ein und umrundet dabei die bis weit über 1000 Meter hohen Gipfel von Tromsdalen. Bereits in **Fagernes** zweigt dann die Fv 91 ab, die durch das grüne Tal der **Breivikelva** zum Fähranleger **Breivikeidet** führt.

69.402351, 19.883494
69.613075, 20.415245

Es ist nur ein kurzer Hüpfer über den **Ullsfjord** und ein ebenso kurzes Fahrvergnügen durch den einzigen Durchbruch in den sich majestätisch vor einem aufbauenden **Lyngenalpen**. Dann ist auch schon der **Lyngenfjord** – und damit die nächste Fähre – erreicht. Doch zuvor geht es noch auf einen Abstecher – einen hochprozentigen.

Zehn Kilometer nördlich von Lyngseidet hat sich vor einigen Jahren die **Aurora Spirit Distillery** etabliert. Neben Whisky entstehen in der nördlichsten Destillerie der Welt weitere Spirituosen, darunter Gin und Wodka. Immer um die Mittagszeit gibt es verschiedene Besichtigungstouren, die im Voraus zu buchen sind.

Verkostung ohne Verkauf

Natürlich mit einer kleinen Verkostung. Aber ohne Verkauf! Der ist in Norwegen nämlich außerhalb des staatlichen Alkoholmonopols verboten. Wer aber auf den Geschmack gekommen ist, kann sich bei der Rückkehr zur Fähre im **Vinmonopolet** von Lyngseidet eindecken. Das wird aber teuer, darauf muss man gefasst sein.

Die Fähre entlässt einen nun endlich auf die **E 6**, die treue Begleiterin auf den folgenden 450 Kilometern zum Nordkap (plus vielleicht noch einem Abstecher nach Hammerfest). Manch einer mag sich jetzt sputen wollen, es juckt, endlich dieses vermeintliche Traumziel zu erreichen. Doch wer sich mehr Zeit fürs Naheliegende nimmt, wird noch so manches Highlight entdecken.

Die Region Lyngen ist nämlich auch so ein Gebiet, dass einem mit jedem frischen Blick, jedem neuen Panorama etwas mehr ans Herz

69.574782, 20.206880

69.576413, 20.219195

69.636962, 20.349002

69.60766, 20.51604

Die malerisch am Lyngenfjord gelegene Aurora Distillery ist die nördlichste Whisky-Brennerei der Welt.

Die Mutter aller norwegischen Straßen, die E 6 zum Nordkap, liefert solche Technicolor-Panoramen zuhauf.

wächst. Und plötzlich mag man sich kaum noch davon trennen. Vielleicht gönnt man sich doch noch eine Wanderung durch die Wildnis beidseits des Lyngenfjords. Oder man
69.784744, 20.616631 hüpft in **Rotsund** auf die Fähre
69.788591, 20.567600 nach **Hamnnes**. Der historische Handelsposten wartet doch nur auf eine Stippvisite.

Es ist wie ein Rausch

Überhaupt gehört die Strecke hier zum landschaftlich Schönsten, was Norwegen zu bieten hat. Da sind eben jene Lyngenalpen, deren oft bis in den Juli teilweise schneebedeckten steilen Hänge aus dem tiefblauen Wasser des Fjords aufsteigen. Da sind ferne Inselchen, die am Horizont aus dem gleißenden Meer aufragen. Da sind bunte Häuser an den Hängen und kleine Bootsschuppen am Ufer. Es ist wie ein Rausch aus Farben und Formen, der zum Glück nicht unter die strengen norwegischen Alkohol- und Drogenregelungen fällt.

Über einen kleinen Pass geht es auf die andere Seite einer Land-
69.797752, 20.983543 zunge hinunter zum **Reisafjord**. Der mächtige Fluss Reisa mündet in
69.767755, 21.022918 **Storslett** in einem Delta ins Meer. Sein gemächlich fließendes Wasser ist bestens geeignet für Touren mit den typischen Lang- oder Gummi-Paddelbooten. In den Bergen, die
69.237144, 22.031510 sich bis an den **Reisa Nationalpark** erstrecken in dem die Quelle des Gewässers liegt, gibt es tolle Wandermöglichkeiten. Ein idealer Platz, um das Fahrzeug mal stehen zu lassen und sich die Beine zu vertreten.

Hinter Storslett verläuft die E 6 noch ein ganzes Stück am Fjord entlang, bevor sie sich langsam emporschraubt. Die umliegenden Gipfel erreichen dahinter Höhen von über 1000 Metern. Ein Höhepunkt ist auch die Aussicht vom **Kvænangsfjell**. Unten liegt der **Kvænangenfjord** mit seinen Inseln, direkt dahinter begrenzt schon die nächste alpin aussehende Gebirgskette den Blick.

Engstellen an den Fjorden

Durch ein Birkenwäldchen geht es wieder auf Meeresniveau und über eine Brücke hinüber zur anderen Fjordseite. Das Meer weist plötzlich eine hohe Fließgeschwindigkeit auf. Dieser Effekt tritt überall dort auf, wo Ebbe und Flut enorme Wassermassen durch Engstellen an den Fjordeingängen drücken. Straumen heißen diese Stellen, dieser Ort hier
Sørstraumen. 69.840515, 21.883349

Um nun **Burfjord** zu erreichen, 69.937870, 22.051867
genügt ein kurzer Anstieg auf 250 69.897896, 21.607091
Meter, dann gleich wieder hinab ans 69.993828, 21.564854
Meer. Die **Tankstelle** dürften viele 69.940537, 22.050631
Nordkap-Anpeiler aufsuchen, es gibt halt nicht so viele. Angegliedert ist da
seit Jahren das **Kafé E6**, eine Ins- 69.940421, 22.050722
titution an dieser Mutter aller norwegischen Straßen. Ja, hier kommt echtes Route-66-Feeling auf.

Man sollte sich nichts vormachen: Wenn das Wetter nicht mitspielt, ist die Anfahrt zum Nordkap kein Spaß. Aber: Scheint die Sonne auf diese grandiose Landschaft am Nordende

Kvænangsfjell ist ein beliebter Fotostopp. Übernachten lässt es sich mit dieser Fjord-Aussicht hier auch.

Die Nordlicht-Kathedrale von Alta ist ein seltenes architektonisches Juwel an der Strecke zum Nordkap.

Europas – und das auch noch Tag und Nacht –, dann kann sich jeder das Drehbuch zu seinem ganz eigenen Roadmovie schreiben. Zeit genug ist dafür auf den scheinbar endlosen Kilometern vorhanden.

69.965384, 23.264526

Frühe Steinzeit-Besiedlung

69.966605, 23.273328

Alta bietet zum Glück etwas Abwechslung vom grauen Asphaltband. Die Stadt in der Finnmark mit etwas über 21 000 Einwohnern ist ein guter Zwischenstopp auf dem Weg ans Nordkap, weil es hier das größte Hotelangebot weit und breit gibt. Außerdem kann man sich hier schlaumachen: im **Freilichtmuseum** von Alta lassen sich Felsritzungen bewundern, die über 6 000 Jahre, also bis in die Steinzeit, zurückreichen. Kaum verwunderlich, dass sie von der UNESCO zum Weltkulturerbe ernannt wurden.

70.019836, 23.537897
70.432164, 24.50155
69.946746, 23.189135

Einen Blick sollte man in dieser Nordlicht-Metropole auch in die **Nordlicht-Kathedrale** werfen. Der moderne Bau, erst 2013 geweiht, ist ein wunderbares Beispiel nordischer Architektur, außen vollständig mit Titanplatten verkleidet. Man sollte in solcher Atmosphäre ruhig um sichere Weiterfahrt bitten.

Denn jetzt wird es richtig einsam. Waren zivilisatorische Begegnungen schon bisher rar gesät, so ist zwischen **Rafsbotn** und dem 70 Kilometer entfernten **Skaidi** der sprichwörtliche Hund begraben. Dafür werden zunehmend Rentierherden manchmal überraschende Begleiter neben und oft auch auf der Strecke.

Nun zwingt der Abzweig nach Hammerfest zu einer Entscheidung: Durchfahren zum Kap oder einen fast 120 Kilometer währenden Abstecher unternehmen? Da man wohl nicht allzu oft im Leben in diese Gefilde gelangt, sollte man dieses Extra mitnehmen.

70.662556, 23.684877

Der Anfang vom Ende

Olderfjord markiert dann den Einstieg in den letzten Abschnitt dieser Tour. Die E6, die im schwedischen **Trelleborg** ihren Anfang genommen hat, knickt nach Süden ab, um nach abermals 450 Kilometern in **Kirkenes**, nahe der russischen Grenze, nach über 3000 Kilometern ihr Ende zu finden. Stattdessen übernimmt die **E 69** die restlichen 130 Kilometer bis ans Ziel. Dabei geht es auch durch den mittlerweile mautfreien **Nordkaptunnel**.

70.509892, 25.062386

70.936897, 25.703835

Aller Nordkap-Euphorie zum Trotz herrscht auf den letzten 30 Kilometern kaum Verkehr. Dafür wechseln sich Kurven aller Art mit Steigungen und Gefällstrecken ab. Immer wieder gibt es beeindruckende Aussichten, wie sie auch aus den Alpen bekannt sind. Mit dem kleinen Unterschied, dass hier immer mal wieder das Meer ins Bild ragt.

70.474335, 25.071058

Und dann taucht sie auf, diese **Weltkugel** auf 71° 10‘ 21“ nördlicher Breite, 514 Kilometer nördlich des Polarkreises und rund 2100 Kilometer südlich des Nordpols. Endstation Sehnsucht! ◄

55.373114, 13.149412

71.1725, 25.7834

69.728239, 30.072541

Kurz vor dem Ziel am Nordkap gibt es auf der E 69 noch mal beeindruckende Aussichten zu genießen.

NORWEGEN • TROMSØ – NORDKAP

TOURDAUER
ca. 18 Stunden (reine Fahrtzeit)
3 Tage (mit Besichtigungen)

STRECKENLÄNGE
ca. 650 Kilometer • 2 • 22

ROADBOOK
Tromsø, Breidvik, Lyngseidet, Storslett, Kvænangsfjell, Sørstraumen, Burfjord, Alta, Rafsbotn, Skaidi, Hammerfest, Olderfjord, Nordkap.

INFO
Einen umfassenden regionalen Überblick und weitere Reisetipps liefert die englischsprachige Webseite von Nordnorge. **nordnorge.com/en**

CHARAKTERISTIK
Fahrerisch ist die Strecke keine Herausforderung. Allerdings kann einem in Norwegens Norden das Wetter übel mitspielen. Es sollte also immer genau beobachtet werden. Die **E 6** ist weitgehend in gutem Zustand. Zu beachten sind vor allem freilaufende Rentierherden. Nur, wer die ganze Route ab Tromsø fährt, muss zwei Fährüberfahrten einplanen. Die E 6 kommt ohne aus. Auch der **Nordkaptunnel** ist seit einigen Jahren mautfrei zu durchfahren. Der Zugang zum **Nordkap** kostet allerdings noch immer. Aktuelle Preise und Infos gibt es hier. **visitnordkapp.net/de**

SCHAUEN
Das Stadtzentrum von **Tromsø** (GPS 69.651437, 18.957886) bietet auf kleinstem Raum zahlreiche Attraktionen, die für einen mehrtägigen Aufenthalt genügen. Neben dem **Polarmuseet** (GPS 69.652207, 18.963317) ist das **Nord Norsk Kunstmuseum** (GPS 69.648326, 18.959557) einen Besuch wert. Tickets zu Attraktionen oder Aktivitäten-Packages bietet **Visit Tromsø** an. **visittromso.no**

Die **Aurora Spirit Distillery** (GPS 69.636962, 20.349002) öffnet als nördlichste Whisky-Brennerei täglich außer sonntags von 11 bis 15 Uhr ihre Pforten. Tastings und Führungen sollten vorgebucht werden, der Einkauf der Brände ist wegen der norwegischen Gesetze nicht möglich. Auf dem Gelände am Lyngenfjord gibt es auch Hütten zur Übernachtung zu mieten. **auroraspirit.com**

Als UNESCO-Weltkulturerbe informiert das **Alta Museum** (GPS 69.946746, 23.189135) über die jahrtausendealte Besiedlungsgeschichte Nordnorwegens seit der Steinzeit. Neben zahlreichen Artefakten sind vor allem die Felsritzereien im Freilichtmuseum sehenswert. **altamuseum.no/en**

SCHLAFEN
In bester Lage direkt am Hafen und damit fußläufig zu zahlreichen Attraktionen liegt das **Scandic Ishavshotel** (GPS69.649365, 18.961594) in Tromsø. Motorradfahrer bringen ihre Maschinen sogar direkt am Hotel unter – eine Seltenheit. **scandichotels.de**

Begrünte Dächer und Sami-Kunstwerke sind die Merkmale der Hütten von **Gildetun** (GPS 69.897896, 21.607091). Die Lage mit Aussicht auf den Kvænangenfjord ist im Gegensatz zu den Hütten unbezahlbar. Es gibt sogar ein gemütliches, traditionelles Restaurant. **gildetun.no**

Wer statt einem der Kettenhotels, die es in Alta genügend gibt, mal einem gemütlichen und komfortablen Bed & Breakfast den Vorzug geben möchte, ist im **Altafjord Gjestegaard og spa** (GPS 69.963730, 23.238145) bestens aufgehoben. Buchung möglich über: **booking.com**

Eine noch recht neue Übernachtungsmöglichkeit in der Nordkap-Region ist **The View Hotel** (GPS 70.996634, 25.977081) in Honningsvåg. Den Sommer über gibt es im Restaurant ein üppiges Seafood-Buffet. Motorräder parken kostenlos in der Garage. **theviewhotel.no/en**

SCHLEMMEN
Ist es draußen ungemütlich, prasselt im **Bios Cafe** (GPS 69.767470, 21.023492) in Storslett das Kaminfeuer. Die regionalen Spezialitäten schmecken so gleich noch besser. **bioscafe.no**

Wenn es irgendwo an der E 6 serviert wird, sollte man unbedingt mal einen Burger oder ein Steak vom **Rentier** versuchen. Das Fleisch ist dunkel, sehr zart, mit einem feinen Wildgeschmack – ein nordischer Genuss.

Atemberaubende Ausblicke eröffnet die E 6 am Ufer des Efjords.

Die Rückkehr vom Nordkap eröffnet noch mal ganz neue Einblicke

Großes Küsten-Kino

Ein gutes Stück des Heimwegs führt aus Troms og Finnmark ins Nordland. Überraschenderweise ist auch hier die E 6 – noch – weitgehend alternativlos. Dafür bietet der Trans-Norwegen-Highway seine feinsten Filetstücke auf.

Für eine kurze Zeit sind die Europastraßen E 6 und E 8 südlich von Tromsø vereint.

69.376223, 19.362932
69.329715, 19.367523
69.217319, 19.558313
69.196947, 19.750092

Wer das Nordkap auf einer Norwegenreise in Angriff genommen hat, war entweder zuvor, oder auf der Rückfahrt in Tromsø. Sollte es wenigstens gewesen sein. Dann ist diese Route der Einstieg in eine Heimreise, die weitere unvergessliche Momente mit sich bringt.

Alpines Panorama

69.08297, 19.566007
69.488192, 19.251652
68.999908, 18.917640
69.404864, 19.275786
69.562101, 19.358734
69.092588, 19.718032

Die Lyngenalpen bleiben dieses Mal links liegen. Die **E 8** führt schnurstracks südwärts und durchschneidet auf ihrem Weg zur Vereinigung mit der E 6 im Tal des **Lavangselva** einen weiteren Gebirgszug mit einem guten Dutzend Gipfeln über 1000 Metern. Der **Hamperokken** kommt als höchster auf 1404 Meter. Daraus ergibt sich ein alpines Panorama, dass es ein Genuss ist.

In **Laksvatn** lohnt es sich, auf die parallel verlaufende Fv 7900 auszuweichen und ihr auf Meereshöhe am **Balsfjord** entlang zu folgen. Der in **Nordkjosbotn** beginnende kurze Hüpfer auf der nunmehr erreichten E 6 ist in **Øvergård** schon wieder beendet. Noch gibt es Alternativen zur Hauptstraße. Das sollte ausgenutzt werden.

Die **Fv 87** windet sich fortan durch ein einsames Tal und trifft wenig später auf den Fluss **Målselva**, dessen naturbelassenem Verlauf man nun gen Westen folgt. Im Winter ist das Gebiet eine Spielwiese für Husky-Schlittentouren. Außerdem gibt es hier in der kalten Jahreszeit den **Tromsø Ice Dome** zu bestaunen. Im Sommer hingegen ist es immer mal wieder an der Zeit, die Wanderschuhe zu schnüren und das wilde Flusstal zu erkunden.

Dramatische Schwünge

Vereinzelt wird hier Landwirtschaft betrieben, ansonsten ist es Natur pur. Die schneeweiße **Øverbygd Holzkirche** ist ein markanter Wegweiser. Der Wald wird immer dichter, nur vereinzelt sind noch Bergkuppen am Horizont zu erkennen. In **Rundhaug** wechselt der Fluss die Seite. Seine dramatischen Schwünge sind nicht mehr auszumachen, es sei denn, man erwandert sie.

Die **Kirkesnesmoen Kapelle** leuchtet ebenfalls hell durch den Baumbestand. Das Gebäude ist inmitten dieser Einsamkeit als Hochzeitslocation beliebt. Dann gilt es aufzupassen und den Abzweig zum **Målselvfossen** nicht zu verpassen. Ein gut vier Kilometer langer Stich endet an zwei traumhaft gelegenen Campingplätzen, die den knappen Raum am **Zusammenfluss** von Barduelva und Målselva ausfüllen. Kurz zuvor stürzt sich das Wasser des Målselva über mehrere Felsstufen rauschend in die Tiefe.

Das ist nicht nur ein prächtiger Anblick mit mächtiger akustischer Untermalung. Hier finden Angler auch ein ertragreiches Fanggebiet für Lachse vor. Wer sich also sein Abendessen selbst fangen möchte: nur zu! Frischer geht's nicht. Alter-

69.035529, 18.654367

69.041041, 18.638306

68.997455, 19.132926

69.020188, 18.898328

69.005275, 18.893438

Über Felsstufen rauscht der Fluss Målselva, ein beliebtes Angelrevier, seinem Mündungsgebiet entgegen.

Malerische Ausblicke wie hier am Lavangenfjord gibt es beim Fjordhüpfen auf dieser Route zuhauf.

69.040934, 18.63911
69.06062, 18.483682
69.065637, 18.515924
69.145440, 18.152962
69.150861, 18.126497
69.144988, 18.152005
69.054826, 18.540665

nativ kann man aber auch im **Café** am Campingplatz einkehren und sich dort, wenn zuvor noch nicht geschehen, einen der in Nordnorwegen so beliebten Rentier-Burger brutzeln lassen.

Wer sich Zeit für Norwegens Naturschauspiel nimmt, wird bei der Anfahrt auf **Bardufoss** wieder einmal erschrocken feststellen, dass erst 160 Kilometer geschafft sind, der Tag aber schon lange andauert. Nur gut, dass auch hier im Sommer die Sonne fast ewig scheint.

Norwegens Route 86

Also geht es weiter, vorbei an dem sowohl militärisch, als auch zivil genutzten **Flughafen** dieses kleinen urbanen Zentrums, der seine Größe nicht zuletzt dem Ausbau durch die deutschen Besatzer im Zweiten Weltkrieg verdankt. Es ist immer noch nicht die E 6, der diese Route folgt, sondern vielmehr der **Fv 86**, in der Gegend auch liebevoll „Route 86" genannt. Die Anspielung macht Sinn, denn ähnlich wie an Amerikas „Mother Road" sind auch entlang dieser Straße, die bis Gryllefjord im Nordwesten der Insel Senja verläuft, nur wenige Flecken menschlicher Zivilisation zu finden.

Einer davon ist **Sørreisa**, malerisch am Südostufer des **Reisafjords** gelegen und somit ein guter Platz für eine Übernachtung. Hier zweigt auch die **Fv 84** in Richtung Süden ab, die zum weiteren Routenverlauf gehört. Zunächst muss sich die Straße aber noch rund um einen

Gebirgszug winden, dessen höchster Gipfel, der **Hjerrtinden**, immerhin 1381 Meter erreicht.

An den stillen Gewässern

Ein paar malerische Fjorde liegen nun vor einem, deren Ufer den Streckenverlauf bestimmen. Man mag sich kaum sattsehen an den stillen Gewässern und den dahinter aufsteigenden Gipfel, die selbst im Sommer an manchen Tagen eine weiße Haube tragen, als wären sie mit Puderzucker überzogen.

Das ist zunächst am **Salangenfjord** bei der Fahrt nach **Sjøvegan** so, später auch auf dem Abschnitt am **Lavangenfjord**, der an seine Südspitze nach **Tennevoll** führt.

Spätestens in **Fossbakken** bei der Einmündung in die E6 ist ein kurzer Abstecher angeraten. Knapp acht Kilometer östlich liegen nämlich zwei überaus empfehlenswerte Ziele.

Zunächst rauscht hier ein aus einem Bergsee gespeister Gebirgsbach über mehrere Stufen in die Tiefe, was zumindest bis Frühsommer ziemlich spektakulär sein kann. Sein Name ist **Henrikkafossen**. Und etwas weiter empfängt der **Polar Park** seine Gäste.

Den sollte man sich wirklich nicht entgehen lassen. Hier gibt es neben anderen Arten Elche, Rentiere, Bären, Moschusochsen und ein Vielfraß-Pärchen zu bewundern. Und Wölfe, mit denen man auf Tuch- oder besser Pelzfühlung kommen

68.689143, 17.981063
68.995431, 18.226945
68.717330, 18.103940
68.691555, 18.110375
68.930083, 17.709274
68.872641, 17.852183
68.788492, 17.656746
68.747096, 17.80637

Mit den Wölfen heulen kann man im Polar Park nördlich von Narvik.

Die imposante Hålgolandsbrücke über den Ofotfjord trägt die E 6 auf 1533 Metern Länge nach Narvik hinein.

68.438380, 17.427198

68.460219, 17.481802

kann. Denn zusammen mit den Pflegern besucht man ein kleines Wolfsrudel, lässt sich – so die Tiere wollen – von ihnen beschnüffeln, sogar das Gesicht abschlecken. Ein unbeschreibliches Gefühl, gepaart mit ein wenig Nervenkitzel! Obwohl die Wölfe zusammen mit Menschen aufwuchsen, sind es immer noch Raubtiere, wenngleich sozialisiert.

Höhepunkt Gratangsfjell

69.681907, 18.972491
68.444698, 16.963310
68.666358, 17.835566

68.384591, 17.254236

Auch wenn die Weiterfahrt nach **Bjerkvik** durchaus ansprechend und mit 466 Metern auf dem **Gratangsfjell** sogar über ihren höchsten Punkt verläuft, so bleibt das zuvor im Polar Park Erlebte lange im Gedächtnis haften. Es wird wohl kaum wahrgenommen, dass man von Troms og Finnmark nun in die Provinz Nordland gewechselt hat. Spätestens bei der Anfahrt auf **Narvik** über die anderthalb Kilometer lange und erst 2018 eröffnete **Hålgolandsbrücke** haben die zivilisatorischen Störfeuer Überhand gewonnen.

Die wichtige Hafen- und sogar Universitätsstadt mag sicher ihre guten Seiten haben, nur ist angesichts dessen, was ab jetzt vor einem liegt, zu verschmerzen, dass man sich nicht allzu viel Zeit dafür nimmt. Die E 6 folgt ab hier zunächst dem **Ofotfjord**, hinter dessen Küste hochalpine Gipfel bis zu 1700 Meter aufragen. Der wundervolle wie friedfertige Anblick wird jäh unterbrochen vom am Fjordufer errichteten **Mahnmal** für eine Seeschlacht, die 1940 auf dem Ofotfjord tobte.

Um auf andere Gedanken zu kommen, ist in **Ballangen** ein Besuch des **Heimatmuseums** angebracht. Das informiert über den wirtschaftlichen Aufschwung der Region, der dem Abbau diverser Mineralien zu verdanken war, darunter Kupfer, Quarz, Zink und Schwefel.

Gletscher am Werk

Mit Erreichen des **Efjords**, eines Nebenarms des Ofotfjords, spielt dann die Landschaft wieder die Hauptrolle. Ein paar Inseln liegen verstreut im Gewässer und bilden natürliche Stützpfeiler für eine Überbrückung durch die E6. Unübersehbar waren rund um den Fjord die Gletscher der Eiszeit am Werk, haben Wände geformt und glattgeschliffen, Skulpturen geschaffen, die an eine riesige, gefrorene Welle erinnern oder an Obelisken eines Riesenvolkes.

Ein neuerlicher Abstecher würde als nächstes auf der **Fv 827** zum Nationalberg der Norweger, dem 1391 Meter hohen **Stetinden** führen, der wie ein gewaltiger Amboss aus dem Meer herausragt. Nach dem Tunnel, der seinen Namen trägt, liegt ein **Rastplatz**, der fast den gesamten Berg in voller Größe zeigt. Gerne wird hier für eine Nacht gezeltet. Kein Wunder, die Ansicht lässt nicht nur Norweger so schnell nicht los.

Die E6 wird nun endgültig zu einem kurvenreichen Lindwurm. Wem der schon von der Straße aus

68.342872, 16.831338
68.328614, 16.792983
68.281586, 16.506701
68.164942, 16.592786
68.261311, 16.598963
68.176589, 16.550184

Steil erhebt sich der 1391 Meter hohe Stetinden über den Tysfjord. Er ist Norwegens Nationalberg.

Eine leichte Wanderung führt zum Aussichtsfelsen Kjerna, wo der Blick bis hinüber zur Lofotenkette reicht.

68.262798, 16.372027

68.084272, 15.649359
68.082093, 15.640803

tolle Blick nicht genügt, der kann hier zu einer Wanderung auf den 650 Meter hohen Felsen **Kjerna** starten, muss dafür aber zwei Stunden einplanen. Allerdings reicht der Blick von dort nicht nur über die zerklüftete Fjordküste, sondern bis weit in die Inselgruppe Lofoten hinein.

Fröhliches Fjordhüpfen

68.232431, 16.234875

68.156991, 16.186596

68.223726, 16.075756

68.191804, 16.101891

Im Anschluss geht das Hüpfen von Fjord zu Fjord weiter. In **Skarberget** wird die Fahrt sogar von einer Fährpassage über den **Tysfjord** unterbrochen, der einzigen auf dieser Tour. Ab **Bognes** steht der letzte Abschnitt der Ofoten, dieser historischen Landschaft im Norden Norwegens, an. Schnell ist der **Beisfjord**, ein kleiner Nebenarm, erreicht.

Die Gegend hier ist untrennbar mit dem norwegischen Schriftsteller und Literaturnobelpreisträger Knut Hamsun verbunden, für den im etwas abseits der Route gelegenen **Hamarøy** ein architektonisch eindrucksvolles **Museum** gebaut wurde. Dazu muss man die Route nur für die Fv 81 verlassen.

Der Schriftsteller war und ist auch in Deutschland kein Unbekannter. Zahlreiche seiner Werke wurden schon kurz nach ihrem Erscheinen in Norwegen ins Deutsche übersetzt und in Deutschland verlegt.

Knut Hamsun war stark beeinflusst von den Philosophen Nietzsche und Schopenhauer. Führende deutsche Schriftsteller wie Hermann Hesse oder Thomas Mann zeigten sich beeindruckt von Hamsuns

Stil, der maßgeblich zur Weiterentwicklung europäischer Literatur beigetragen habe. Nur die politische Rolle, die Hamsun mit seiner Nähe zu führenden Nationalsozialisten während des Zweiten Weltkriegs spielte, wirft dunkle Schatten auf sein Lebenswerk.

Abgeschiedenes Leben

Nachdenklich wird man das Museum verlassen. Da erscheint es willkommen, dass die E 6 schon bald vor allem durch das Gebirge, das die Norweger Fjell nennen, verläuft. Selten kommt es noch zu einer Stippvisite an einem Fjord, wo vereinzelte Häuschen stehen, in denen Menschen ein abgeschiedenes Leben führen.

Entlang des **Sørfoldafjords** geht es in einer von einem Dutzend Tunneln gespickten Strecke nach **Fauske**, wo die E 6 verlassen wird und das letzte Stück der Route auf der **Rv 80** auf Küstenkurs geht. Zuvor kann man sich noch eine Pause im zu den Nordlandmuseen gehörenden **Heimatmuseum** des Ortes gönnen und tief in die Geschichte der Region eintauchen.

Die Strecke ist auf den letzten Kilometer bis nach **Bodø** bestens ausgebaut. Sollte es dennoch wieder einmal spät geworden und das Restaurant im Hotel bereits geschlossen sein: Die eine oder andere Pizza-Bude hat bestimmt noch offen – die machen im Sommer meist erst kurz vor Mitternacht dicht. ◄

67.492612, 15.502476

67.258859, 15.394595

67.266687, 15.344188

67.257006, 15.380749

67.283133, 14.374098

Das Hamsunsenteret befasst sich mit Leben und Werk des norwegischen Schriftstellers Knut Hamsun.

NORWEGEN • TROMSØ – BODØ

TOURDAUER

ca. 13 Stunden (reine Fahrtzeit)
3 Tage (mit Besichtigungen)

STRECKENLÄNGE

ca. 625 Kilometer · 1 · 21

ROADBOOK

Tromsø, Overgård, Bardufoss, Sørreisa, Tennevoll, Bjerkvik, Narvik, Ballangen, Sørfjordmoen, Fauske, Bodø.

INFO

Einen umfassenden regionalen Überblick und weitere Reisetipps liefert die englischsprachige Webseite von Nordnorge. **nordnorge.com/en**

CHARAKTERISTIK

Die Route zwischen der Einsamkeit in **Troms og Finnmark** und dem Fjordhopping im **Nordland** ist mit reichlich Abwechslung gesegnet. Ein paar Abstecher sorgen für zusätzliche Auflockerung. Da die Tour in weiten Teilen auf der E 6 verläuft, darf zudem mit einem guten Straßenzustand gerechnet werden. Zu beachten ist aber, dass der Sommer auch die Zeit für alle notwendigen Ausbesserungen an der norwegischen Nord-Süd-Achse ist. Baustellen können sich daher häufen. Aktuelle Infos bietet die interaktive Webseite des Straßenbauamts **Statens vegvesen** oder auch deren App. **vegvesen.no**

SCHAUEN

Elche und Rentiere laufen einem im Norden schon mal des öfteren vor die Linse (oder das Fahrzeug). Aber Bären? Wölfe? Moschusochsen? Eher nicht, außer man besucht den **Polar Park** (GPS 69.652341, 18.973292). Der großzügig angelegte Tierpark ist ein Wildnis-Erlebnis, dass sich durchaus länger genießen lässt. Daher ist Campen am Park gestattet. **polarpark.no/en**

Die Motorradstiefel gegen Wanderschuhe tauschen kann man an zahlreichen Stellen dieser Tour. Eine besondere Empfehlung ist der leichte Aufstieg zum markanten Aussichtsfelsen **Kjerna** (GPS 69.651635, 18.955859). Vom und zum **Parkplatz** an der E 6 (GPS 68.256499, 16.395239) sind es rund zwei Stunden Gehzeit. **visitnarvik.com/kjerna**

Das **Hamsunsenteret** in Hamarøy (GPS 68.081846, 15.640377) ist dem Wirken und Schaffen des Literaturnobelpreisträgers Knut Hamsun gewidmet. Es setzt sich aber auch durchaus kritisch mit seiner unrühmlichen Nähe zu den nationalsozialistischen Besatzern auseinander. **hamsunsenteret.no/en**

SCHLAFEN

Von außen hat das **Sørreisa Hotell** (GPS 69.145164, 18.151723) den Charme einer Autowerkstatt. Dennoch ist die Herberge nicht zuletzt wegen der Lage am Reisafjord bei Reisenden beliebt. **sorreisahotell.no**

Das moderne Hotel **Scandic Narvik** (GPS 68.436387, 17.425268) sticht schon optisch aus dem Stadtbild von Narvik heraus. In direkter Nachbarschaft lohnt auch ein Besuch des **Kriegsmuseums**, in dem die Zeit der deutschen Besatzung aufgearbeitet wird. **scandichotels.de**

In Bodø bietet das **Smarthotel Bodø** (GPS 69.963730, 23.238145) nicht nur

das beste Preis-/Leistungsverhältnis, sondern auch als eines der wenigen Hotels kostenfreie eigene Parkplätze. Die Zimmer sind nordisch-schlicht, aber dennoch komfortabel eingerichtet. **smarthotel.no/en/bodo**

Wer zum Ende dieser Tour länger verweilen und entspannen möchte, sollte von Bodø aus noch eine gute Stunde (plus kurze Fährüberfahrt) nach Norden reisen. Das **Kjerringøy Bryggehotell** (GPS 67.521221, 14.762228) im historischen Handelsposten der Halbinsel bietet neben Hotelzimmern auch komplett ausgestattete Fischerhäuser. **kjerringoybryggehotell.no**

SCHLEMMEN

Wer noch einmal so richtig in die nordnorwegischen Spezialitäten eintauchen möchte, ist im **Bryggerikaia** (GPS 67.282861, 14.372981) in Bodø an der richtigen Adresse. Klassische Fischsuppe und gegrillter Stockfisch mit traditionellen Beilagen, aber auch saisonale Muschelgerichte und weitere Meeresfrüchte zieren die Speisekarte. Bei gutem Wetter unbedingt die Terrasse nutzen. **bryggerikaia.no**

Die Alternative zur E 6 ist zeitraubend, aber ein Prachtstück

Das Sahnehäubchen

Der beeindruckende Kystriksveien im mittleren Teil Norwegens gehört zu den schönsten Küstenstraßen der Welt. Garniert wird das landschaftliche „Meer"-Gängemenü an der Fv17 mit etlichen Fährfahrten.

Einer der markantesten Anblicke entlang des Kystriksveien ist die Felsformation der Sieben Schwestern bei Sandnessjøen.

Bodø selbst mag keine Schönheit sein, die Umgebung der aufstrebenden Provinzperle aber umso mehr.

67.283090, 14.376010

Schön ist Bodø, der Ausgangspunkt dieser Route, nicht gerade. Das liegt vor allem an den Bomben, mit denen Stadt im Zweiten Weltkrieg in Schutt und Asche gelegt wurde. Dennoch hat sie viel zu bieten, im Ort selbst – und erst recht drumherum.

Das Luftfahrtmuseum

67.276052, 14.413700

67.268142, 14.426460

Einen Besuch ist auf jeden Fall das **Norwegische Luftfahrtmuseum** wert. Die auf 10 000 Quadratmetern Ausstellungsfläche gezeigten militärischen wie zivilen Exponate geben nicht nur Technikfans einen tiefen Einblick in moderne Aviation – Flugsimulator inklusive. Gerade bei schlechtem Wetter lässt es sich hier stundenlang aushalten.

Aber Bodø hat noch viel mehr drauf, vor allem kulturell. Etwa ein großartiges Konzerthaus, das **Stormen**, in dem neben Klassik auch Jazz und Rock eine Bühne nebst toller Akustik finden. Nicht umsonst ist die Stadt für 2024 zu einer der drei europäischen Kulturhauptstädte auserkoren worden.

Wer sich während einer Reise durch Norwegens Norden jemals gefragt hat, wie die Menschen hier die langen Winter überleben und woher sie dringend benötigte Waren beziehen konnten, der findet Antworten im **Jektefartsmuseet**. Jektefarten war jahrhundertelang der Lebensnerv des Handels in Nordnorwegen. Großen, offene Schiffe transportierten Stockfisch, Lebertran, Kabeljau und Hering in die Städte weiter südlich. Auf dem Rückweg brachten sie an Bord der auf Wikingerdesign zurückgehenden Segler Getreide und Mehl, Salz und Hanf sowie andere Güter, die das Herz der Nordmenschen begehrte.

Ums Boot herum gebaut

Die harten und gefährlichen Seereisen nach **Bergen** und wieder zurück, immerhin über anderthalbtausend Kilometer pro Route, sind Gegenstand des Museums. Neben zahlreichen Artefakten aus der Zeit steht das Jekt Anna Karoline im Zentrum des Geschehens. Es ist eines von landesweit nur drei erhaltenen Booten, um das herum der Museumsbau errichtet wurde.

Außerhalb von Bodø liegt rund 40 Kilometer nördlich der frühere Handelsposten **Kjerringøy**. Eine 67.520780, 14.764554 Stunde muss man für die Fahrt dorthin rechnen, vielleicht auch mehr. Schließlich muss der **Mistfjord** 67.446892, 14.746227 per Fähre überquert werden.

Anschließend findet man sich nicht nur auf der anderen Fjordseite, sondern auch in einer anderen Zeit wieder. Bestens erhalten sind die 60.394306, 5.325919 historischen Häuser des Handelsortes, der seine Blütezeit Ende des 18. Jahrhunderts hatte. Vor allem Fisch wurde von hier aus entlang der Küste verschifft. Der damit erzielte Reichtum ist noch heute in der großzügigen Anlage zu spüren.

Irgendwann ist es all dieser und weiterer Schätze zum Trotz an der

Das Jektefartsmuseum ist rund um sein Thema, ein Jekteboot, errichtet worden.

Abhängig von Ebbe und Flut sind vier Mal täglich Strömung und Strudel am Saltstraumen zu beobachten.

67.295352, 14.756302

64.068882, 11.509689

67.230638, 14.609783

Zeit, gen Süden aufzubrechen. Der Abzweig von der Hauptstraße auf den Kystriksveien, offiziell **Fv 17**, ist an einem Kreisverkehr nicht zu übersehen. Zusätzlich ist hier auch die Landschaftsroute Helgelandskysten ausgeschildert. Sie deckt mit 433 Kilometer gut die Hälfte des Wegs nach Trondheim ab. Gleichzeitig wird deutlich, wie verwirrend viele Bezeichnungen es für dieses grandiose, immer wieder vom Meer unterbrochene Asphaltband gibt.

Norwegens Traumstraße

Lange Zeit war die Strecke als Rv 17 bekannt, also Riksvei, zu deutsch Reichsstraße. Dieser Status entspricht in Zustand und Zuständigkeit in etwa unseren Bundesstraßen. Seit 2009 ist sie nurmehr die Fv 17, also ein Fylkesvei, ähnlich unserer Landesstraße. Doch wie auch immer die Bezeichnung: Es herrscht Einigkeit, dass es sich beim Kystriksveien, der Straße durch das Küstenreich, um Norwegens Traumstraße handelt, die nach 680 Kilometern **kurz vor Steinkjer** in die E 6 mündet.

Die Strecke beginnt denn auch gleich mit einem Höhepunkt: dem **Saltstraumen**. Durch einen 2,5 Kilometer langen und etwa 150 Meter breiten Sund strömen im Wechsel der Gezeiten fast 400 Millionen Kubikmeter Wasser in die Meerenge hinein und wieder heraus. Der Strom erreicht dabei Geschwindigkeiten von bis zu 40 km/h, wogegen Schiffe kräftig ankämpfen und dabei auf die Strudelbildung achten müssen.

Abwechslung von der landschaftlichen Pracht bringt ein Abstecher nach **Gildeskål**. Das Kirchdorf wird ab **Skaugvold** auf der Fv 838 in einer Viertelstunde erreicht. Das einzigartige Ensemble besteht aus einer Steinkirche nebst prächtigem Interieur aus dem 12. Jahrhundert sowie einer Holzkirche aus dem 19. Jahrhundert. Dazwischen steht der noch immer bewirtschaftete Pfarrhof, datiert auf 1750.

Wenig später folgt bereits einer der schönsten Aussichtsplätze, die entlang der Landschaftsroute geschaffen wurden. **Ureddplassen** ist so viel mehr als ein Rastplatz. Ein breite Terrasse lädt bei passendem Wetter zum Sonnenbaden und Sinnieren ein. Der Blick geht auf Meereshöhe übers Wasser, wird zuerst von der Vogelinsel **Fugløya** mit ihrer großen Papageientaucherkolonie und zuletzt von der prächtigen Lofotenwand gebremst.

Ja länger man nun auf dieser wunderbaren Küstenstraße unterwegs ist, umso mehr wird einem bewusst, wie karg das touristische Angebot gestreut ist. Auf gut Glück in der kurzen Sommersaison mit langen Fahrtagen eine Unterkunft zu finden ist so gut wie ausgeschlossen. Da bedarf es schon gewissenhafter Planung und Reservierung.

Oder man hat eine Campingausrüstung dabei. Dann schlägt man eben einfach irgendwo an der Küste sein Zelt auf und genießt eine Nacht mit Meeresrauschen. Allerdings

67.065113, 13.807026
66.986116, 14.042511
67.059283, 14.045196

66.950328, 13.631716

Der Rastplatz Ureddplassen ist mit dieser Aussicht ein frühes Highlight auf dem Kystriksveien Fv17.

Der mächtige Svartisengletscher, Norwegens zweitgrößter, ist per Boot über den Holandsfjord erreichbar.

66.694975, 14.902106
66.723791, 13.673255
66.718277, 13.471230
66.760694, 13.949899
66.801983, 13.970317
66.653760, 13.898488
66.681492, 13.359742
66.652239, 13.434223
66.715574, 13.671064
66.718394, 13.700390
66.632662, 13.492842
66.624316, 13.286799

sind auch Restaurants und sogar Geschäfte nicht eben breit gestreut. Da empfiehlt es sich, auf seinen Magen zu hören und jede Möglichkeit wahrzunehmen, die sich einem bietet.

Unter dem Gletscher

Zumindest den 7624 Meter langen und engen **Svartistunnel** am **Glomfjord** sollte man am ersten Fahrtag hinter sich gebracht haben, der einen Arm des **Svartisengletschers** unterquert. Dessen Ausmaße kann man erahnen, wenn man vom **Rastplatz Braset** seine Ausläufer am gegenüberliegenden Ufer des **Holandsfjords** erspäht. Immerhin bedeckt er mit seinen insgesamt 60 Gletscherarmen 370 Quadratkilometer Fläche im **Saltfjellet-Svartisen-Nationalpark**. Mit einem Boot kann man von **Holandsvika** aus auch zu einer Wanderung übersetzen, die bis an eine mächtige Gletscherzunge führt.

Die erste von insgesamt acht Fährüberfahrten dieser Tour bringt einen dann nach **Ågskardet**. Hier besteht tatsächlich die Möglichkeit, Essen und Übernachtung zu finden. So lässt sich ein neuer Tag gut gestärkt beginnen, der zunächst über eine wunderbare Fahrstrecke an den **Tjongsfjord** führt. Dabei hat man den **Blokktinden** mit seinem 1032 Meter hohen Gipfel für lange Zeit im Visier. Später unterquert man ihn durch den über drei Kilometer langen **Straumdalstunnel**. Schon bald darauf ist **Jektvik** erreicht.

Die nächsten gut 100 Kilometer, nachdem einen die Fähre, auf der man eben noch den **Polarkreis** überquert hat, in **Kilboghamn** aufs Land entlassen hat, sind erneut geprägt vom schon bekannten, doch nie langweiligen Wechselspiel aus abwechslungsreichen Küstenpanoramen, Fjordumrundungen und dem einen oder anderen Tunnel.

66.557005, 13.203734
66.487806, 13.225465

14 000 Inseln und Holmen

Fällt der Blick dabei aufs offene Meer, glaubt man irgendwann den beeindruckenden Zahlen, die zu dieser Küste existieren. Sie ist ein einzigartiger Schärengarten aus über 14 000 Inseln und Holmen, die wie wahllos ausgeschüttet im Wasser ankern. Unterbrochen wird die Küstenlinie durch lange Fjordarme.

Einige dieser Inseln, zumeist größere, sind sogar besiedelt. Zu manchen gibt es einen Fährbetrieb, man könnte sie also auch mit dem eigenen Fahrzeug besuchen. Das bringt aber sicher ein paar Extratage auf dieser Reise mit sich, soll sich der Aufwand lohnen. Ausgerechnet dort finden sich aber auch die besten Unterkünfte der gesamten mittelnorwegischen Küste. So auf den Inseln **Lovund** sowie **Dønna** und natürlich dem UNESCO Weltkulturerbe **Vega**.

66.363733, 12.338356
66.166254, 12.457393
65.676674, 11.962448

Der Kystriksveien führt einstweilen rund um den **Sjonafjord** nach **Nesna**. Hier steht der zweite Fährtrip des Tages an. Dann durchbricht der Fluss **Stillelva** zusammen mit

66.319211, 13.401432
66.200036, 13.0144
66.11025, 13.073895

Auf der Fährpassage von Jektvik nach Kilboghamn ist die Überquerung des Polarkreises inbegriffen.

Fähren, wie diese von Vennesund nach Holm, sind am Kystriksveien als Hilfsmittel unerlässlich.

66.038005, 12.720168
66.021545, 12.631723
65.581536, 12.30088
65.398337, 12.091149
65.961683, 12.628163
65.18416, 12.122752
65.715192, 12.463524
65.700998, 12.441513
64.86206, 11.23729

der Fv17 eine Hügelkette, an deren westlichem Ende die mächtige **Helgelandsbrua** die Überfahrt nach **Sandnessjøen** erleichtert, das sich als Übernachtungsort empfiehlt. Wer die langen Sommertage schätzt und noch weiterfährt, nimmt vielleicht auch noch die dritte Fähre und macht den Tag so fast zu einer Seereise. Und so ganz nebenbei lässt sich bei der Überfahrt ein Blick auf die Gebirgskette der **Sieben Schwestern** erhaschen.

Stilvoll nächtigen

Am historischen Handelsplatz in **Forvik** lässt es sich dann stilvoll nächtigen. Ebenso anderthalb Kilometer weiter in **Vevelstad** mit seinen familiären Gästehäusern.

Der Motor ist am Morgen kaum warmgelaufen, da zieht man schon wieder den Schlüssel auf der ersten Fähre eines neuen Tages. Die setzt über nach **Horn**, von wo auch die Fähren ins Vega-Archipel ablegen.

Man muss zwar ganz genau hinsehen und Glück mit dem passenden Licht haben, um die nächste Attraktion zu entdecken, doch dann ist das magische Felsenloch bei **Torghattan** ein echter Hingucker.

Die Fähre nach **Holm** sorgt für Abwechslung. Waren die letzten Kilometer von landwirtschaftlichen Grünflächen geprägt, so dominieren plötzlich wieder steile Felswände und Gipfelketten das Bild. Hier, wo die Fv17 der Küste untreu wird und ins Landesinnere abdreht, lohnt noch ein letzter Abstecher: nach **Rørvik**.

Es ist der größte Ort auf der Insel **Inner-Vikna**, mit seiner maritimen Atmosphäre und den bunten Holzhäusern perfekt geeignet für die letzte Nacht. Perfekt ist auch ein Besuch im **Küstenmuseum**, das in einem prächtigen Bau im Hafen Platz gefunden hat. Da lässt sich zum Abschluss der Tour noch so manches über das Leben entlang dieser fantastischen Küste in Erfahrung bringen.

Zurück auf die Fv17

Mit diesem Abstecher ist übrigens auch der Übergang vom Nordland nach Trøndelag vollzogen. Nach der vorletzten Fähre der Route geht es kurvenreich durch das Wasser- und Waldland von **Elvalandet** nach **Namsos**. Hier ist die Fv17 dann wieder erreicht.

Ihr nun bis zum bitteren Ende, der Einmündung in die E6 bei **Asphaugen**, zu folgen, ist nur dann sinnvoll, wenn man ab hier auf schnellstem Weg nach Trondheim gelangen möchte. Wer sich aber noch ein wenig Landschaft zu Gemüte führen mag, dem sei eine Fahrt entlangs des Nordufers am **Beitstadfjord** empfohlen. Die schmale Straße **Fv 720** – links Fjord, rechts Wald und Felsen – ist ein Hochgenuss.

Ein achtes und letztes Mal mit der Fähre übersetzen, dann ist Trondheim erreicht! Von hier kann es Richtung Heimat gehen: direkt über die E6 oder wie in Tour 4 beschrieben. In beiden Fällen über Oslo … ◄

64.466249, 11.495776
64.877444, 11.180555
64.065213, 11.505713
64.859666, 11.234082
63.959152, 11.144029
63.940713, 10.987147
64.590657, 11.419139

Beim Blick auf den Trondheimfjord kommt Wehmut auf, denn die Route nähert sich nun ihrem Ende.

NORWEGEN • BODØ – KYSTRIKSVEIEN – TRONDHEIM

TOURDAUER

ca. 30 Stunden (reine Fahrtzeit)
4 – 6 Tage (mit Besichtigungen)

STRECKENLÄNGE

ca. 870 Kilometer · 8 · 29

ROADBOOK

Bodø, Salstraumen, Sundsfjord, Ågskardet, Jektvik, Nesna, Sandnessjøen, Forvik, Brønnøysund, Holm, Rørvik, Namsos, Beitstadfjord, Trondheim.

INFO

Die Route führt durch zwei Provinzen: **Nordland** und **Trøndelag**. Einen umfassenden regionalen Überblick und weitere Reisetipps liefern diese Webseiten. **nordnorge.com/en** **visitnorway.de/reiseziele/trondelag**

CHARAKTERISTIK

Mit acht Fähren auf den knapp 900 Kilometern ist vor allem der Faktor Zeit wesentlich. Die Fähren am **Kystriksveien** sind zwar recht gut getaktet, aber der Takt nimmt die reine Fahrzeit zwischen zwei Fähranlegern als Basis. Touristische Aktivitäten sind da nicht eingeplant. Also muss man sich seinen eigenen Takt schaffen. Gerade in der kurzen Sommersaison sollte unbedingt exakt geplant und vor allem die Unterkünfte reserviert werden. Auf gut Glück geht dann gar nichts. Vier Tage sollten das Minimum für diese E 6-Alternative sein.

kystriksveien.no

SCHAUEN

Die vielfältigen Attraktionen in und um **Bodø** (GPS 67.283443, 14.375128) gibt es auf einen Blick auf der informativen Webseite. Neben dem Luftfahrtmuseum und dem Jektefartmuseum lockt die Natur Outdoorfans in zwei Nationalparks und auf 150 Gipfel allein rund um die Stadt. **visitbodo.com/en**

Die staatlichen Straßenbauer haben sich für die norwegische Landschaftsroute **Helgelandskysten**, die rund die Hälfte dieser Tour ausmacht, vom Anfang (GPS 67.246038, 14.723182) bis ans Ende (GPS 65.131221, 12.118199) einiges an Attraktionen am Wegesrand einfallen lassen. Über die Webseite sind auch die **Fährzeiten** abrufbar.

nasjonaleturistveger.no/de

In Rørvik ist das **Küstenmuseum Norveg** (GPS 64.877444, 11.180555) dem Alltag und Arbeitsleben der Küstenbewohner gewidmet. Das Museum verwaltet auch das einstige Fischerdorf **Sør-Gjæslingan** (GPS 64.742446, 10.773955), wo man im Sommer auch übernachten kann.

kystmuseetnorveg.no/deutsch

SCHLAFEN

Es ist eine wilde Kombination aus Imbiss, Camping und Mini-Motel, das **Råkkhuset** (GPS 69.145164, 18.151723) in Ågskardet. Aber die Lage am Århaugfjord lässt über manches hinwegsehen. Und die Gastgeber sind mehr als nur bemüht. **råkkhuset.no**

Willkommen beim Italiener. Das **Napoli Hotell** (GPS 68.436387, 17.425268) in Sandnessjøen bietet schlichte, saubere Zimmer zu fairen Preisen. Letzteres gilt auch für die Pizzen des Hauses. **napolihotell.no**

Verlässlichen Kettenkomfort liefert im gleichen Ort das **Scandic Syv Søstre** (GPS 66.023123, 12.637499) ab. Direkt am Fähranleger für die Überfahrten nach Dønna. **scandichotels.de**

Einen Fährhüpfer später lässt sich in historischer Umgebung im **Handelsstedet Forvik** (GPS 67.521221, 14.762228) übernachten. Tipp für Kaffeejunkies: Im Haus wird eine eigene Rösterei betrieben.

handelsstedetforvik.no

Nicht nur Trondheim kann Rock'n'Roll. In Namsos hat mit dem **Scandic Rock City** (GPS 66.023123, 12.637499) ein passendes Themenhotel geöffnet.

scandichotels.de

SCHLEMMEN

Natürlich ist entlang der Küste Fisch das vorherrschende kulinarische Thema. Aber wie wäre es zusätzlich mit frischen, regionalen Zutaten aus Grund und Garten? Mit **Til Elise Fra Marius** (GPS 67.282861, 14.372981) haben die Besitzer ein einzigartiges Restaurant erschaffen, dessen Geschmacksexplosionen auch die Preise der Menüs rechtfertigen. Ein kuscheliges Bed & Breakfast am Ranfjord ist es zudem.

tilelise.com

Landschaftsrouten

Nationalparks